SJPC
上海三联书店

目录

壹 君道

贰 臣术

叁 贵德

肆　为政

伍　敬慎

陆　明辨

《群书治要》简介

《群书治要》是唐太宗李世民（公元五九九年——六四九年）于贞观初年下令编辑。太宗十六岁随父从军，起义平定动乱的社会，戎马倥偬十余年。二十七岁即帝位后，偃武修文，特别留心于治平之道，休生养民。

太宗英武善辩，遗憾早年从军，读书不多。鉴于前隋灭亡之失，深知创业不易，守成维艰，在位期间，鼓励群臣进谏，批评其决策过失。令谏官魏征及虞世南等，整理历代帝王治国资政史料，撷取六经、四史、诸子百家中，有关修身、齐家、治国、平天下之精要，汇编成书。上始五帝，下迄晋代，自一万四千多部、八万九千多卷古籍中，博采典籍六十五种，共五十余万言。

书成，如魏征于序文中所说，实为一部“用之当今，足以鉴览前古；传之来叶，可以贻厥孙谋”的治世宝典。太宗喜其广博而切要，日日手不释卷。曰：“使我稽古临事不惑者，卿等力也。”由是而知，贞观之治的太平盛况，此书贡献大矣！诚为从政者必读之宝典。

然因当时中国雕版印刷尚未发达，此书至宋初已失传，《宋史》亦不见记载。所幸者，日本金泽文库藏有镰仓时代（一一九二——一三三〇年）日本僧人手写《群书治要》的全帙。并于清乾隆六十年，由日人送回中国本土。上海商务印书馆四部丛刊和台湾分别以此版为底本影印出版。二〇一〇年岁末，净空幸得此书，反复翻阅，欢喜无量，深刻体会古圣先贤之文化教育，的能为全世界带来永恒之安定和平。最极关键者，即国人本身，必须真正认识传统文化，断疑启信。圣贤传统文化实为一切众生自性流露，超越时空，亘古弥新。学习关键，端在“诚敬”二字。《曲礼》曰：“毋不敬。”前清康熙曰：“临民以主敬为本。”“诚与敬，千古相传之学，不越乎此。”程子曰：“敬胜百邪。”说明修身进德、利世济民，唯“诚敬”二字，方能圆成。若对古圣先王之教育毫无诚敬，纵遍览群籍，亦难获实益。孔子曰“述而不作，信而好古”是也。

过去孙中山先生于三民主义讲演中（民族主义第四讲）曾云：“欧洲的科学发达、物质文明的进步，不过是近来二百多年的事。讲到政治哲学的真谛，欧洲人还要求之于中国。诸君都知道世界上学问最好的是德国，但是现在德国研究学问的人，还要研究中国的哲学，甚至于研究印度的佛理，去补救他们科学之偏。”

英人汤恩比博士更云：“欲解决二十一世纪的社会问题，唯有孔孟学说与大乘佛法。”静观今日世界乱象纷呈，欲救世界、救中国，唯有中国传统文化教育能办到。

老祖宗留传至今的治国智慧、理念、方法、经验与成效，均是历经千余年考验所累积的宝藏结晶。《群书治要》至珍至贵！果能深解落实，天下太平，个人幸福，自然可得；背道而行者，则不免自招灾殃，祸患无穷。净空深知今日《群书治要》之重现，实有其神圣使命，欢喜委托世界书局重新影印出版一万套，拟赠两岸三地暨世界各国、各党、各级领导共同学习，则和谐社会、大同之治的世界指日可待。欣见《群书治要》重新出版在即，阎初仁者嘱余为序，谨以此数语，表随喜赞叹之意。

净空

二〇一〇年十二月二十八日于香江

《群书治要 360》序

《群书治要》是中国古圣先王修齐治平之智慧、方法、经验、效果的集大成，亦是历经千余年考验所积累下来的文化结晶。这部宝典既能帮助唐太宗开创“贞观之治”，并奠定整个大唐三百年盛世的基础，也必能为当今各阶层领导者提供珍贵借鉴。不仅如此，对于不同领域、不同身份的社会大众，此书也是使身心安乐、家庭幸福、事业永续的智慧源泉。

本中心导师释净空老教授念念不忘中华文化的承传，二〇一〇年底，幸蒙祖宗庇佑，这套宝典最终送到了老教授手中。老人家深知此书是解决当今社会问题的一剂良方，欢喜不已，立即委托世界书局翻印流通。导师在马来西亚拜访纳吉首相与马哈迪前首相时，简略地介绍了《群书治要》的内容，两位长者当时便表示迫切地想看到英文译本。导师由此想到，可从《群书治要》中再节录，节成三百六十条，译成白话文并翻译成各国文字，方便大众每天阅读。导师将这个任务交给了本中心，这就是中心编辑《群书治要 360》的缘起。导师预计在十年间，每年从《群书治要》当中选取三百六十条原文，并译成各种不同国家的文字、语言，在全世界流通。导师认为，这是中国对于整个世界和平做出的最大贡献。

《群书治要》取材于经、史、子，共计六十五部，五十卷。其目录是将《周易》《史记》《六韬》等经史子的书目，逐次排列。本中心编译之《群书治要360》，将整套书概括为六条大纲：君道、臣术、贵德、为政、敬慎、明辨；每条大纲下，又归纳了《群书治要》论述的相关要点作为细目。希望本书的纲目，对于读者领纳《群书治要》全书的精神，亦能有所帮助。

《群书治要360》的编译工作刚一开展，就得到了中国大陆、港台地区及马来西亚本地许多仁人志士的协助，在此一并致上真挚的谢意！

由于中心编译小组德行、学识有限，本书定有许多疏漏之处，敬请诸位仁者不吝赐教指正。衷心祝愿每一位读者在古圣先贤智慧的引领下，身心和谐、家庭和乐、事业和顺。衷心希望《群书治要》帮助社会化解冲突，把世界带向安定、幸福、美满、和平。让我们同心携手，共创和谐！

马来西亚中华文化教育中心 谨序

二〇一二年四月十日

《群书治要360》说明①

一、原文

魏征等唐初大臣辑录《群书治要》(以下简称《治要》)所依据的六十五部原著，均为贞观以前的古籍经典，这些古籍经典在唐之后的千余年，经过官方、学者的多次点校、勘误、整理，故与当今出版的相应典籍存有差异。比如《论语》中，现今众所周知的“三人行，必有我师焉”一句，《治要》辑录的《论语》，则是“我三人行，必得我师焉”。这是《治要》值得重视的又一文化价值，它保留了唐初古籍善本的原貌。

《群书治要》一书现存原版，有日本元和二年（公元一六一六年）铜活字印本，简称“元和本”；日本天明元年(公元一七八一年)起校勘，天明六年(公元一七八六年)告成，重印流通，简称“天明本”；民国年间，商务印书馆曾经在日本天明本的基础上校勘重排出版，简称“商务本”。

本中心选编《群书治要360》所摘录的三百六十条

① 本书以马来西亚中华文化教育中心编译的《群书治要360》为原本，部分内容有调整、补充。——编者注

经句，全部依照《治要》原文，同时抄录其中的小注，并抄录了天明本、商务本页眉处的校勘文字。

《治要》对六十五种典籍的采录，并非仅以删节处理，而是摘录其要。如对《礼运·大同篇》，《治要》浓缩为："大道之行也，天下为公。选贤与能。故人不独亲其亲，不独子其子，使老有所终，幼有所长，鳏寡孤独废疾者，皆有所养。是故谋闭而不兴，盗窃乱贼而不作。是谓大同。"若读者欲深入了解这六十五部典籍，还需阅读典籍全文。

二、字体、字形

本书采用简体汉字。我们以中国国家文字工作委员会发布的《文字使用规范条例》《简化字总表》为基准，未尽之处，依照古籍整理通例处理。原本中的混刻字，如已己巳、曰日等，一律改为规范字。全书采用文化部和中国文字改革委员会一九六四年颁布的《印刷通用汉字字型表》规定的新字形。

三、标点

元和本《群书治要》无断句，天明本的断句，全部用"、"作为标志。本书断句以天明本为主要参考，个别地方依照商务本或所引典籍的通行读本进行断句，全书均采用现行标点符号。

四、注释、翻译原则

本书注释力求简而精。若小注对原文字词已有阐释，原则上就不在注释中重复列出。译文则采用直译与意译相结合的方式。译完若觉仍欠圆满，则在译文后稍加发挥，以便读者更好地领纳先贤的精神。

五、排版说明

本书分原文、注释、白话三部分。《治要》原文中的小注，仍以双行夹注方式呈现；天明本、商务本页眉处的校勘文字，现改放入原文中，亦以双行夹注方式呈现，为示区别，校勘文字用括号加以标明。

马来西亚中华文化教育中心 谨识

二〇一二年四月十日

壹 君道

一 修身

甲 戒贪

1. 自成康[1]以来，几且[2]千岁，欲为治者甚众，然而太平不复兴者,何也？以其舍法度,而任私意，奢侈行而仁义废也。（卷十九 汉书七）

注释

①成康：周成王与周康王的并称。成康时代，天下安宁，刑罚置放不用达四十年，为西周的盛世。

②且：将要。

译文

自成康盛世以来，将近千年，想使天下大治的君王很多，然而太平盛世不复出现，这是为什么呢？因为领导者舍弃了治国的常理常法，而放任自己个人的私欲行事，导致奢侈横行而仁义废弛。

2. 夫[1]物速成则疾[2]亡，晚就[3]则善终。朝华[4]之草，夕而零落；松柏之茂，隆寒[5]不衰。是以大雅君子[6]恶速成。（卷二十六 魏志下）

注释

①夫fú：凡，所有的。

②疾：快速；急速。

③就：成；成功；完成。

④朝华：亦作“朝花”，指早晨开的花朵。

⑤隆寒：严寒。

⑥大雅君子：才德高尚的人。

译文

大凡事物发展过快则衰亡也快，缓慢稳定地发展则容易有圆满的成果。早晨开花的草，到了傍晚就凋落了；茂盛的松柏，即使在非常寒冷的冬天也不会枯萎。所以，德高才大的君子忌讳速成。

3. 夫[①]荣公好专利[②]而不知大难。夫利，百物之所生也，天地之所载也，而有专之，其害多矣！天地百物皆将取焉，何可专也？所怒甚多，而不备大难，以是教王，王其能久乎？（卷十一　史记上）

注释

①夫fú：文言文中的发语词，表提示的作用。

②专利：独占利益。

译文

荣夷公喜好独占财利，而不知道会造成严重的社会问题。财利，是天地之间万物所依赖生存的资源。

而独占的现象，造成资源不均的害处就多了！因为大家都需要用到，怎么可以独占？不平的现象多了，而不知道社会问题已经存在，必招致民怨，不去防备大的灾难，却用这样的思想来教唆君王，王位怎能持久呢？

4. 五色[①]令人目盲；贪淫好色，则伤精失明。五音[②]令人耳聋；好听五音，则和气去心也。五味[③]令人口爽；爽，妄也。人嗜于五味，则口妄，言失于道。驰骋田猎[④]，令人心发狂；人精神好安静，驰骋呼吸，精神散亡，故发狂也。难得之货，令人行妨[⑤]。妨，伤也。难得之货，谓金、银、珠、玉。心贪意欲，则行伤身辱也。（卷三十四　老子）

注释

①五色：原指青、赤、白、黑、黄五种颜色。此处泛指各种颜色。

②五音：原指中国五声音阶中的宫、商、角、徵、羽五个音级。此处指音乐。

③五味：原指酸、甜、苦、辣、咸五种味道。此处泛指各种味道或调和众味而成的美味食品。

④田猎：打猎。

⑤妨：损害。

译文

贪恋五花八门的色彩，使人精气神外散，视觉迟钝；过度追求音乐的刺激，使人心中失去平和中正之气，听觉迟钝；讲究食物的美味，使人味觉迟钝；沉溺于骑马打猎的快意，使人心神狂妄暴躁；稀有难得的货品，会使人贪心增长，而造成行为偏差。

5. 训有之，内作色荒[①]，迷乱曰荒。外作禽荒[②]。甘酒嗜音，峻宇雕墙[③]。有一于此，未或[④]弗[⑤]亡。此六者，有一必亡，况兼有乎！（卷二　尚书）

注释

①色荒：迷乱于女色。荒，纵欲迷乱、逸乐过度。

②禽荒：迷乱于捕猎鸟兽。禽，指鸟兽。

③峻宇雕墙：高大的屋宇和彩绘的墙壁。形容居处豪华奢侈。

④未或：没有。

⑤弗：不。

译文

皇祖大禹有这样的话：在内迷恋女色，在外迷恋游猎，纵情饮酒毫不节制，贪嗜歌舞不知满足，住在豪宅，雕梁画栋，过度装饰。以上几项只要沉迷于一项，就没有不亡国的。

6. 乱国之主，务[①]于广地，而不务于仁义，务于高位，而不务于道德，是舍其所以存，而造其所以亡也。（卷三十五　文子）

注释

①务：从事；致力。

译文

会造成国家动乱的领导人，只注重扩大势力范围，而不重视仁义的教化；只追求高位权力，而不专注道德的修养。这种做法是舍弃国家所能生存的条件，而造成灭亡的因素。

7. 人主之大患，莫大乎好名。人主好名，则群臣知所要矣。（卷四十八 体论）

译文

领导人最大的祸患，没有大过爱好虚名的祸患。一旦领导人好名声，那么下属就知道他想要的是什么，而投其所好。

乙 勤俭

8. 古之人曰："一夫不耕，或[1]受之饥；一女不织，或受之寒。"生之有时，而用之无度，则物力必屈[2]。古之治天下，至纤至悉也，故其蓄积足恃[3]。（卷十四 汉书二）

注释

①或：泛指人或事物。相当于“有人”“有的”。此处指“有人”。

②屈jué：竭尽；穷尽。

③恃：依赖；凭借。

译文

古代的人说：“一个农夫不耕种，就有人要挨饿；一个妇女不织布，就有人会受冻。”万物生长是有时节的，但使用却没有节制，这样物资势必会用尽。古代治理天下，达到非常细致周详的地步，所以国家有足够的积蓄可以依靠。

9. 修身①治国也，要②莫大于节欲。传曰：“欲不可纵。”历观有家③有国④，其得之也，莫不阶⑤于俭约；其失之也，莫不由于奢侈。俭者节欲，奢者放情。放情者危，节欲者安。

（卷四十七　政要论）

注释

①修身：陶冶身心，涵养德行。

②要：重要；主要。

③家：卿大夫或卿大夫的采地食邑。

④国：古代王、侯的封地。

⑤阶：凭借；根据。

译文

修身和治国，没有比节制欲望更重要的了。《礼记》上说："欲望不可放纵。"纵观古往今来有家有国的领导者，取得成功，无一不是凭借勤俭节约；亡国败家，无一不是由于奢侈纵欲。勤俭的人节制欲望，奢侈的人放纵欲望。放纵欲望的人危险，节制欲望的人安全。

丙　惩忿

10. 禁令不明，而严刑以静乱[①]；庙筭[②]不精，而穷兵[③]以侵邻。犹钐[④]禾以讨蝗虫，伐木以杀蛣（蛣作蠹）蝎[⑤]，减食（减食作食毒）以中[⑥]蚤虱，撤舍以逐雀鼠也。（卷五十　抱朴子）

注释

①静乱：平定乱事。

②庙筭suàn：朝廷或帝王对战事进行的谋划。筭，同"算"。

③穷兵：滥用武力。

④钐shàn：大片地割。

⑤蛣蝎hé：当作"蠹蝎"。木中的蛀虫。蠹，蛀虫。蝎，蚀木的蛀虫。

⑥中zhòng：击中；杀害。

译文

禁令不明确，却用严刑来平定祸乱；朝廷对战事谋划不当，没有反省，却竭尽兵力去侵犯邻国。这就好像割掉庄稼以消灭蝗虫，砍掉树木以消灭蛀虫，吞下毒药以杀死跳蚤、虱子，拆除房舍以驱逐麻雀、老鼠一样。

11. 夫[①]圣人以天下为度[②]者也，不以己私怒，伤天下之功[③]。（卷十七　汉书五）

注释

①夫fú：文言文中的发语词，表提示作用。

②度：打算；度量。

③功：通"公"。公义。

译文

作为君主的圣人，时时以天下人民的利益为考量，不因为自己个人好恶产生的怒气，伤害了天下的公义。

丁　迁善

12. 子曰："我三人行，必得我师[①]焉。择其善者而从之，其不善者而改之。"言我三人行，本无贤愚，择善从之，不善改之，故无常师。（卷九　论语）

注释

①师：学习；效法。

译文

孔子说："我与他人的相处中，他人的言行，必定有可以让我学习效法之处。选择他好的方面向他学习，对他做得不好的地方，反省自身，若有类似情况，则自我改正。"

戊　改过

13. 子曰："过而不改，是谓过矣①。"（卷九　论语）

注释

①矣：表示感叹的语气。

译文

孔子说："一个人有过而不改，这是真正的过错啊。"

14. 子贡曰："君子之过也，如日月之食①焉：过也，人皆见之；更也，人皆仰之。"更，改也。（卷九　论语）

注释

①食：通"蚀"。指日蚀、月蚀。

译文

子贡说："君子的过错，就像日蚀、月蚀一样：所犯的错，人人都看得见；改正了，像日月蚀后重现光明那样，人人都敬仰。”

15. 古者圣王之制，史[1]在前书过失，工[2]诵箴谏[3]，庶人[4]谤[5]于道，商旅[6]议于市，然后君得闻其过失也。闻其过失而改之，见义而从之，所以永有天下也。（卷十七　汉书五）

注释

①史：古时在君王左右，掌管文书和记事等职的官吏。

②工：古代有负责读诵诗文的官吏，常在君王身侧进行规劝。

③箴zhēn谏：规戒劝谏的话。

④庶人：平民百姓。

⑤谤：指责别人的过失。

⑥商旅：来往各地买卖货物的商人。

译文

从前圣王的制度中，史官在前记载君主的过失，诵诗文之工，读诵规劝君主的诗文，百姓在道路上指责君主的过失，商人们在街市上议论君主的过错，这样君主才能听到自己的过失。听到了过失就改正，看见了符合道义的做法就积极落实，这是他们长久拥有天下的原因。

16. 大忌知身之恶而不改也，以贼[1]其身，乃

丧其躯，有行如此，之谓大忌也。（卷三十一　鬻[2]子）

注释

①贼：害；伤害。

②鬻：音yù。

译文

人的重大忌讳是知道自己的过错而不改正，以致伤害身心，乃至丧失生命，有这样的行为，就是人之大忌。

17. 先民[1]有言，人之所难者二，乐知（知作攻）其恶者难，以恶告人者难。（卷四十六　中论）

注释

①先民：泛指古人。

译文

古人曾说，人难以做到的有两件事，一难是乐于别人指出缺点并加以改正，二难是把别人的错误指出来告诉对方。

二 敦亲

18. 子曰："爱亲者，不敢恶于人；爱其亲者，不敢恶于他人之亲。敬亲者，不敢慢于人。己慢人之亲，人亦慢己之亲，故君子不为也。爱敬尽于事①亲，尽爱于母，尽敬于父。而德教加于百姓，敬以直内，义以方外，故德教加于百姓也。形（形作刑）②于四海，形，见也。德教流行，见四海也。盖③天子之孝也。《吕刑》云：'一人有庆④兆民⑤赖之。'"《吕刑》，尚书篇名。一人谓天子。天子为善，天下皆赖之。（卷九 孝经）

注释

①事：侍奉。

②形：见。今本《孝经》作"刑"。"刑"通"形"。

③盖：乃是，实在是。

④庆：善。

⑤兆民：古称天子之民，后指万民、百姓。

译文

孔子说："天子真正亲爱自己的父母，也就不敢厌恶别人的父母；真正尊敬自己的父母，也就不敢轻慢别人的父母。天子竭尽爱敬之心去侍奉父母，将这种德行教化推行到百姓身上，全国都能看到德教产生的良好影响，这就是天子的孝道啊！《尚书·吕刑》里说：'天子有爱敬父母的善德，天下万民都会仰赖他，国家便能长治久安。'”

19. 昔三代明王之必敬妻子[1]也，盖有道焉。妻也者，亲之主也；子也者，亲之后也；敢不敬与？是故君子无不敬也。敬也者，敬身为大；身也者，亲之支[2]也，敢不敬与？不敬其身，是伤其亲；伤其亲，是伤其本也；伤其本，则支从而亡。三者，百姓之象[3]也。言百姓之所法而行。身以及身，子以及子，妃以及妃，君修此三者，则大化[4]忾[5]于天下。忾，满也。（卷十　孔子家语）

注释

①妻子：妻子和儿女。

②亲之支：父母的支派。《礼记》“亲之支”作“亲之枝”，分枝的意思。

③象：效法，仿效。

④大化：广远深入的教化。

⑤忾kài：遍及，普及。

译文

以往夏商周三代的圣明君主必定尊重、爱护妻子与儿女，是有道理的。妻子是祭祀祖宗、照顾父母的主妇，儿子是祖先的后代，怎能不尊重呢？所以君主对妻儿没有不尊重的。谈到尊重，最重要的是尊重自己。自身是父母衍生的支派，怎能不尊重呢？不自重，就是伤害父母；伤害父母，就是伤害了根本；伤害了根本，枝干就随之枯亡。这三者：自身、妻子、儿女，百姓和君主同样拥有，自然会效法君主的榜样。珍重自身推及珍重百姓，亲爱儿女推及亲爱百姓的儿女，尊重妻子推及尊重百姓的妻子，君王做好这三件事，那么深远的教化，才能推广到普天之下。

20. 帝王之于亲戚，爱虽隆[1]，必示之以威[2]；体虽贵，必禁之以度[3]。（卷二十四　后汉书四）

注释

①隆：深厚。

②威：尊严；威严。指流露出的使人敬畏的气势、态度。

③度：法度；规范。

译文

君主对于亲属，爱护虽然深厚，但一定要有威严，否则亲属就会傲慢；亲属的身份虽然尊贵，但一定要用法度来制约，否则亲属会横行无忌。

21. 所贵于善者，以其有礼义也；所贱于恶者，以其有罪过也。今以所贵者教民，以所贱者教亲，不亦悖[1]乎？（卷四十五　昌言）

注释

①悖bèi：谬误；荒谬。

译文

人们尊崇美好的行为，是因为它合乎礼义；人们厌弃不良的行为，是因为它违背常理。现在用所尊崇的来教化百姓，却用所厌弃的来教导皇亲，不是很反常吗？

三　反身

22. 立德之本，莫尚[①]乎正心。心正而后身正，身正而后左右正，左右正而后朝廷正，朝廷正而后国家正，国家正而后天下正。（卷四十九　傅子）

注释

①尚：超过；胜过。

译文

君主树立品德的根本，没有比正心更重要的了。心正，然后自身言行就正；身正，然后左右近臣的观念才正；近臣正，然后朝廷的政治风气就端正；朝廷正，然后国家的运作就顺畅；国家正，然后天下起而归顺效法。

23. 曾子曰：孔子弟子曾参也。“吾日三省[①]吾身：为人谋[②]，而不忠乎？与朋友交，而不信乎？传[③]不习乎？”言凡所传之事，得无素不讲习而传之者也。（卷九　论语）

注释

①三省：多次反省。三，表多数或多次的。省，反省检点。

②谋：筹划办事。

③传：老师所传授的，同时也是自己将传给学生的学问。

译文

曾子说："我每天都要多次反省自己：为他人办事是不是尽心尽力了？与朋友交往是不是讲究信用了？老师传授的，同时也是自己将传给学生的学问，是不是已反复温习并身体力行了？"

24. 天子无戏言。言则史书之，礼[①]成之，乐歌之。（卷十一　史记上）

注释

①礼：表示隆重而举行的仪式、典礼。

译文

天子没有不慎重的话。话一说出口史官就会记载，用礼仪来完成它，用鼓乐来歌颂它。

25. 子曰："躬自厚[①]，而薄责[②]于人，则远[③]怨矣。"责己厚，责人薄，所以远怨咎也。（卷九　论语）

注释

①躬自厚：指重于自责。躬，自身、自己。

②薄责：用低标准来要求。

③远yuàn：避开。

译文

孔子说："要求自己从严，要求他人从宽，就能远离怨恨。"

26. 君不肖[1]，则国危而民乱；君贤圣，则国家安而天下治。祸福在君，不在天时[2]。（卷三十一　六韬）

注释

①不肖：不贤；没有才能。肖，似、像。不肖，指不如人。

②天时：指上天的意旨。

译文

君主不贤明，则国家危亡而人民动乱；君主贤明，则国家安定而人民有序。国家的祸福，取决于君主贤与不贤，而不取决于上天的意旨。

27. "朕躬[1]有罪，无以万方[2]；万方有罪，罪在朕躬。"无以万方，万方不与也。万方有罪，我身之过。（卷九　论语）

注释

①朕躬：我，我身。多用于天子自称。

②万方：万邦；各方诸侯。

译文

商汤王说："我本身有罪，请上天不要牵连万方之民；万方之民有罪，都是我没做好榜样，没有教化好他们，故其罪责由我一人承担。"

28. 故明王有过则反[①]之于身，有善则归之于民。有过而反之身则身惧[②]，有善而归之民则民喜。往喜民，来惧身，此明王之所以治民也。（卷三十二　管子）

注释

①反：还归，回。

②惧：警戒恐惧。

译文

贤明的君王有过错就归之于自身，有了善行就归功于百姓。有了过错反省自己，自己就会警惕；有了善行归功百姓，百姓就会喜悦。归功于百姓而让百姓喜悦，归过于自己而让自己警惕，这是明君能治理好人民的原因。

29. 传曰："禹汤罪己[①]，其兴也勃[②]焉；桀纣罪人[③]，其亡也忽焉。"由是言之，长民治国之本在身。（卷四十七　政要论）

注释

①罪己：引咎自责，归罪于己。

②勃：兴起的样子。

③罪人：归罪于人。

译文

《左传》上说："夏禹、商汤罪责自己，因此德行、智慧、能力不断提升，自然人心凝聚，他们的国家勃然兴盛；夏桀、商纣怪罪别人，因此自身过恶不断增长，自然人心离散，他们的国家迅速灭亡。"由此可见，使国家长治久安的根本在于君主自身。

30. 孟子告齐宣王曰："君之视臣如手足，则臣之视君如腹心①；君之视臣如犬马，则臣之视君如国人②；君之视臣如土芥③，则臣之视君如寇雠④。"芥，草芥也。臣缘君恩（旧无恩字，补之）以为差等。（卷三十七　孟子）

注释

①腹心：肚腹与心脏，皆人体重要器官。

②国人：路人。

③土芥：泥土与草芥。比喻为不足爱惜的贱物。

④寇雠chóu：亦作"寇仇"。仇敌；敌人。

译文

孟子告诉齐宣王说："君主看待臣属如同自己的手足，那臣属就看待君主如同自己的腹心；君主看待臣属如同犬马，那臣属就看待君主如同陌路人；君主看待臣属如同尘土、草芥，那臣属就看待君主如同仇敌。"

31. 景公问晏子曰："富民安众难乎？"对曰："易。节欲则民富，中听[①]则民安，行此两者而已矣。"（卷三十三 晏子）

注释

①中听：审理案件非常恰当。

译文

齐景公问晏子说："想使人民富足安定，困难吗？"晏子回答说："很容易。君主节制贪欲就会使人民富裕，公正判案就会使百姓安定，做好这两件事就够了。"

32. 明主者有三惧：一曰处尊位而恐不闻其过；二曰得意[①]而恐骄；三曰闻天下之至言[②]，而恐不能行。（卷四十三 说苑）

注释

①得意：顺心如意而有所成就，或引以自豪。

②至言：最美善的言论、最合宜的道理。

译文

英明的君主有三种恐惧：一是身居高位而怕听不到别人谈论他的过失；二是事事称心满意而怕变得骄傲起来；三是听到天下非常有道理的话，而怕不能实行。

33. 昔成汤遭旱，以六事自责曰："政不节耶？

使民疾耶？宫室荣耶？女谒[①]盛耶？苞苴[②]行耶？谗夫[③]昌[④]耶？”（卷二十二　后汉书二）

注释

①女谒yè：宫中得势嫔妃的进言。

②苞苴jū：贿赂。古代行贿恐怕人知，故以草苇包裹来掩饰。

③谗夫：进谗言的人。

④昌：通“猖”。肆意妄为。

译文

从前成汤遭遇旱灾，便以六件事自责说：“治理政事不符合法度吗？役使百姓过度吗？宫室是不是太奢华？得势嫔妃进言干政形成风气了吗？贿赂盛行吗？进谗言的人太猖狂了吗？”

34. 曾子曰：“上[①]失其道，民散久矣。如得其情，则哀矜[②]而勿喜。”民之离散，为轻漂犯法，乃上之所为，非民之过也，当哀矜之，勿自喜能得其情也。（卷九　论语）

注释

①上：指在上位的为政者。

②哀矜jīn：哀怜体恤。

译文

曾子说：“在上位的人失去为政之道，民心离散已久。如果掌握了百姓犯罪的实情，就应该哀怜体恤他们，而不要因为自己的办案能力沾沾自喜。”

35. 上失其道，而杀其下，非理也。不教以孝，而听[①] 其狱[②]，是杀不辜[③]也。（卷十　孔子家语）

注释

①听：裁决；断定。

②狱：诉讼案件。

③不辜：指无罪之人。

译文

君王偏失了为政之道，而诛杀他的臣民，这是不合理的。不用孝道教化人民，使他们明理，而有犯错就定他们的罪刑，这是杀害无辜。

36. 致治[①]之术，先屏四患，乃崇五政。一曰伪，二曰私，三曰放，四曰奢。伪乱俗，私坏法，放越轨，奢败制。四者不除，则政无由行矣。俗乱则道荒，虽天地不得保其性矣；法坏则世倾，虽人主不得守其度矣；轨越则礼亡，虽圣人不得全其行矣；制败则欲肆，虽四表[②]不能充其求矣。是谓四患。兴农桑以养其生，审好恶以正其俗，宣文教[③]以章其化，立武备以秉其威，明赏罚以统其法，是谓五政。（卷四十六　申鉴）

注释

①致治：使国家在政治上安定清平。致，达到。

治，指治世，指政治清明、社会安定。

②四表：指四方极远之地，亦泛指天下。

③文教：礼乐法度；文章教化。

译文

达到政治清明的方法，先要除掉四患，才能推行五政。四患是：一是弄虚作假，二是图谋私利，三是任性放纵，四是奢侈浪费。弄虚作假就会扰乱社会风气，图谋私利就会破坏法令纲纪，任性放纵就会助长越轨行为，奢侈浪费就会败坏规章制度。这四大祸患不除，那么德政也就无从施行了。风气混乱，道德观念就要沦丧，即使是天地，也不能保全人们的本性；法制破坏了，社会就要崩溃，即使是君主，也不能坚守那些法度；行为越轨，道德规范就跟着消亡，即使是圣人也不能维护正道；规章败坏了，欲望就会横行无忌，即使国土辽阔四方，也不能满足他的需求。这就叫作“四患”。提倡耕织来养育人民，明察人们的喜爱和憎恶来端正习俗，宣扬礼乐典章来昭示朝廷的教化，建立军备来确保国家的威严，严明赏罚来统理国家的法律。这就叫作“五政”。

四　尊贤

37. 无常安之国，无恒治之民。得贤者则安昌，失之者则危亡。自古及今，未有不然[1]者也。（卷四十三　说苑）

注释

①然：如此；这样。

译文

没有始终安定的国家，也没有永远顺服的百姓。得到贤人辅佐就安定昌盛，失去贤人就导致灭亡。从古至今，没有不是这样的。

38. 书曰："有不世[1]之君，必能用不世之臣。用不世之臣，必能立不世之功。"（卷二十六　魏志下）

注释

①不世：世上所罕有的，非凡。

译文

古书上说："有卓越的君主，必然能任用卓越的大臣。任用卓越的大臣，必然能建立卓越的功业。"

39. 子曰："大臣不可以不敬也，是民之表①也。迩臣②不可以不慎也，是民之道③也。"民之道，言民循从也。（卷七　礼记）

注释

①表：模范；榜样。

②迩ěr臣：近臣。指在君主左右侍从的臣子。迩，近。

③道dǎo：通"导"。引导；指引。

译文

孔子说："国君对大臣不可不恭敬，因为他们是民众的表率；近臣不能不慎重选择，因为他们是民众遵循跟从的先导。"

40. 文王好仁，故仁兴；得士而敬之，则士用，用之有礼义。故不致其爱敬，则不能尽其心，则不能尽其力，则不能成其功。故古之贤君于其臣也，尊其爵禄①而亲之；疾则临视②之无数，死则吊哭③之，为之服锡衰④，而三临其丧；未敛⑤不饮酒食肉，未葬不举⑥乐，当宗庙之祭而死，为之废乐。故古之君人者于其臣也，可谓尽礼矣；故臣下莫敢不竭力尽死，以报其上。（卷十七　汉书五）

注释

①爵禄：官爵和俸禄。

②临视：亲临探望。
③吊哭：吊祭且哀哭。
④锡衰cuī：细麻布所制的丧服。锡，通“緆”xī。
⑤敛：通“殓”。为死者更衣入棺。
⑥举：演奏。

译文

文王喜好仁德，所以仁政兴起；得到士人而能尊重他们，所以士人能为他效力，文王又能以礼义态度相待。所以，不对士人爱护和尊重，就不能得到士人的信心并让他们安心做事，就不能发挥他们的才华，全力以赴成就他们的功业。所以，古代的贤君对待大臣，尊重他们的官爵、俸禄而且爱护他们；大臣有病，多次亲自探望；大臣去世则吊唁哭泣，并穿戴细布丧服，三次亲临丧葬；死者未入殓前，君主不喝酒吃肉，死者未下葬前，君主不奏乐娱乐，当大臣正好在宗庙祭祀时去世，则免奏宗庙祭祀之乐。所以古代君主对于他的臣下，可以说是极尽礼义了，所以臣下不敢不尽心竭力、鞠躬尽瘁以报效君主。

41. 周公戒伯禽[①]曰：“我文王之子，武王之弟，成王之叔父。我于天下亦不贱[②]矣。然我一沐三捉发，一饭三吐哺，起以待士，犹恐失天下之贤人。子[③]之鲁，慎[④]无以国骄人。”（卷十一　史记上）

注释

①伯禽：姬姓，字伯禽，亦称禽父。周公长子，

为鲁国第一任国君。

②贱：地位卑下。

③子：相当于“您”或“你”。

④慎：千万；无论如何。

译文

周公告诫伯禽说：“我是文王的儿子、武王的弟弟、成王的叔父。对于天下来说，我的地位也不算低贱了。然而我洗头时曾多次握着尚未梳理的头发，吃饭时也数次吐出口中食物，起身去接见贤士，即使这样，还怕错过了天下的贤人。你到了鲁国，千万不要以国君的身份看不起人。”

42. 惟[①]恤[②]十难，以任贤能。一曰不知，二曰不求（求作进），三曰不任，四曰不终，五曰以小怨弃大德，六曰以小过黜[③]大功，七曰以小短（短作失）掩大美，八曰以干讦[④]伤忠正，九曰以邪说乱正度，十曰以谗嫉废贤能，是谓十难。十难不除，则贤臣不用；贤臣不用，则国非其国也。

（卷四十六　申鉴）

注释

①惟：句首语助词，无实在意义。

②恤：顾及；顾念。

③黜：废除。

④干讦：历代各本《申鉴》多作“讦奸”或“奸讦”，指恶意攻讦。奸，邪恶不正。讦，揭发

别人的隐私，攻击别人的短处。

译文

考虑任用贤能之士方面有十难：一是没有知人之明，二是知人而不能积极推举，三是举人而不能善用，四是用人而不能始终信任，五是因小小的嫌隙而否定可贵的品德，六是因小小的过失而抹杀大功，七是因小小的缺点而掩盖他整体的美善，八是因奸邪之人的攻击而伤害忠正之士，九是因邪说而扰乱了正规的法度，十是因谗言嫉妒而废弃贤能之士，这就是所谓的十难。这十难不除，贤臣就不能起用；贤臣不起用，国家也就难成了。

43. 文王问太公曰："君务举贤[①]，而不获其功，世乱愈甚，以致危亡者，何也？"太公曰："举贤而不用，是有举贤之名也，无得贤之实也。"文王曰："其失安[②]在？"太公曰："其失在好用世俗之所誉，不得其真贤。"（卷三十一　六韬）

注释

①举贤：推荐任用有贤德、有才能的人。举，推荐、选用。

②安：何处、哪里。

译文

周文王问姜太公："国君致力于举荐贤才，而没有收到功效，社会混乱愈加严重，以致国家危亡，这是什么原因？”太公说：“选出贤才而没有加以任用，这是有举贤的虚名，而没有用贤的实质。”文王说：“那错在哪儿呢？”太公说：“错误在于国君喜好用世俗所称誉的人，而没有用到真正的贤才。”

44. 为人君而侮其臣者，智者不为谋，辨[①]者不为使[②]，勇者不为斗。智者不为谋，则社稷[③]危；辨者不为使，则使不通；勇者不为斗，则边境侵。（卷四十二　新序）

注释

①辨：通“辩”。

②使：出使；出任驻外使节。

③社稷jì：本指土神和谷神。因社稷为帝王所祭拜，后用来泛称国家。

译文

身为君主而侮辱他的臣民，导致的结果是智者不为他谋划策略，有辩才的人不为他出使外交，勇者不为他冲锋陷阵。智者不出谋略，那么国家社会将会陷入困境；有辩才的人不做外交，那么就无法与他国往来；勇者不奋力向前，那么边境就会受到侵犯。

五 纳谏

45. 国之所以治者，君明也。其所以乱者，君暗[1]也。君之所以明者，兼听[2]也。其所以暗者，偏信[3]也。是故人君通必（必作心）[4]兼听，则圣日广矣；庸说偏信，则愚日甚矣。（卷四十四 潜夫论）

注释

①暗：昏昧，不明事理。

②兼听：广泛听取意见。

③偏信：只听信某一方面的意见。

④通必：当作“通心”。内心通达。

译文

国家之所以治理得好，是因为君主英明；国家之所以败乱，是因为君主昏庸。君主之所以英明，是因为能广泛听取各方面的意见；君主之所以昏庸，是因为偏听偏信。因此，君主内心通达、广听兼纳，圣德就会日渐扩大；偏信奸佞之言，昏庸愚昧就会与日俱增。

46. 臣闻人君莫不好忠正而恶谗谀，然而历世之患，莫不以忠正得罪，谗谀蒙幸[1]者。盖听忠难，从谀易也。（卷二十三 后汉书三）

注释

①蒙幸：受到宠爱。

译文

臣听说君王没有不喜欢忠诚正直而厌恶阿谀谗佞，但是历代的祸患，无不是因为忠诚正直的人获罪，阿谀谗佞的人受宠所导致。这实在是听信忠正之言甚难，听从阿谀之言较易。

47. 明主患谀己者众，而无由闻失也，故开敢谏之路，纳逆己[①]之言，苟所言出于忠诚，虽事不尽，是犹欢然（然下有受字）之。（卷四十九　傅子）

注释

①逆己：不顺从自己。

译文

英明的君主担心阿谀自己的人太多，而无法听到自己的错误，所以广开敢于直谏的途径，听取反对自己的言论，如果所说的话是出于忠诚，即使所说的事情并非全都正确，也高兴地接受。

48. 舜曰："予违汝弼[①]。汝无面从，退有后言[②]。"故治国之道，劝之使谏，宣之使言，然后君明察而治情通矣。（卷四十四　潜夫论）

注释

①弼bì：纠正过失。

②退有后言：当面顺从，背后却有不服从的言论。

译文

舜说："如果我有过失，你们就辅助纠正我。你们不要当面听从我，背后又去议论。"所以治理国家的方法，要鼓励人们进谏，要引导人们敢于讲实话，这样，君主就能明察真伪而通晓治乱的真实情况了。

49. 兴国之君，乐闻其过；荒乱之主，乐闻其誉。闻其过者，过日消而福臻[①]；闻其誉者，誉日损而祸至。（卷二十八　吴志下）

注释

①臻zhēn：至；到达。

译文

使国家兴盛的君主，喜欢听指出过错的话；荒淫败乱的君主，喜欢听赞美的话。能听到自己过失的君主，过失就会一天天消除，而福分到来；喜欢听美言的君主，德行就会一天天受损，而灾祸也就降临了。

50. 折[①]直士之节[②]，结谏臣之舌，群臣皆知其非，然不敢争。天下以言为戒，最国家之大患也。（卷十九　汉书七）

注释

①折：折损；挫败。

②节：志气，操守。

译文

挫折正直之士的节操，切断劝谏之臣所说的话，大臣们都知道这样做是错误的，可是不敢据理力争。天下人都对进献谏言生戒备之心，这是一个国家最大的祸患！

51. 孔子曰："药酒（药酒作良药）苦于口而利于病，忠言逆于耳而利于行。汤武[①]以谔谔[②]而昌，桀纣[③]以唯唯[④]而亡。"（卷十　孔子家语）

注释

①汤武：商汤与周武王。

②谔谔è：直言无讳的样子。

③桀纣：夏桀与商纣。

④唯唯：恭敬的应答声。

译文

孔子说："良药苦口难咽，但却有利于治病；正直的劝谏听来不顺耳，但有利于自我提升。商汤、周武王因为广纳直言劝谏而国运昌盛，夏桀、商纣因为狂妄暴虐，群臣只能唯命是从，而导致国家灭亡。"

六 杜谗邪

52. 闻言未审，而以定善恶，则是非有错，而饰辩[①]巧言[②]之流起矣。（卷四十九 傅子）

注释

①饰辩：粉饰巧言，说虚浮不实的话。

②巧言：动听而不实在的话。

译文

听取言论未客观判断，就轻易论定善与恶，是非容易颠倒，而卖弄言语、巧辩的风气就会兴起。

53. 夫[①]人主莫不爱爱己，而莫知爱己者之不足爱也。故惑小臣[②]之佞[③]，而不能废也；忘（忘疑忌）违己之益己，而不能用也。（卷四十七 刘廙[④]政论）

注释

①夫fú：文言文中的发语词，表提示作用。

②小臣：指职位低的官吏。

③佞nìng：花言巧语，谄媚巴结。

④廙：音yì。

译文

君主没有不宠幸那些喜爱自己的人，却不知道喜爱自己的人不该宠幸，所以迷恋于卑微小臣的谄媚，而不能远离、罢黜他们；感受不到不顺己意的人是有益于自己的，而不愿意任用他们。

七 审断

54. 金玉满堂[1]，莫[2]之能守，嗜欲伤神，财多累身。富贵而骄，还自遗[3] 咎[4]。夫富当振[5]贫，贵当怜贱。而反骄恣，必被祸患也。功成名遂[6]身退[7]，天之道也。言人所为，功成事立，名迹称遂，不退身避位，则遇于害，此乃天之常道。譬如日中则移，月满则亏，物盛则衰，乐极则哀也。（卷三十四　老子）

注释

①金玉满堂：形容极为富有。
②莫：没有谁。
③遗：留下。
④咎：灾祸，不幸之事。
⑤振：通“赈”。
⑥遂：成就；成功。
⑦身退：退位，不再眷恋。

译文

金玉满堂（奢华的物质生活），很难长久地保有，富贵时生活骄纵奢侈，就给自己种下祸根。功成名就之后，懂得不居功贪位，适时退下，才符合大自然的运行之道。

55. 夫听察[①]者，乃存亡之门户[②]，安危之机要[③]也。若人主听察不博，偏受所信，则谋有所漏，不尽良策；若博其观听，纳受无方[④]，考察不精，则数[⑤]有所乱矣。（卷四十八　体论）

注释

①听察：听取及考察各种意见。

②门户：比喻事物的关键。

③机要：关键；要领。

④无方：没有方法。

⑤数：策略。

译文

听和察，是国家存亡安危的关键。假如君主不能广泛地听取和明察，只接受亲信者的言论，那么谋划必定有疏漏，不能尽收好的策略；假如能广泛地听取和明察，但采纳的方法不对，考察也不精确，谋略计划必然混乱无章。

56. 孔子曰："众好之必察焉，众恶之必察焉。"故圣人之施舍也，不必任众，亦不必专己[①]，必察彼己之谓（谓作为），而度[②]之以义，故举[③]无遗失，而功无废灭也。（卷四十四　潜夫论）

注释

①专己：固执己见。

②度duó：考虑；推测。

③举：推荐；选用。

译文

孔子说："众人都喜欢他，一定要仔细考察详情；众人都厌恶他，也一定要仔细考察详情。"圣人的定夺取舍，不一定都听取大众之言，也不一定要坚持己见，而是一定要全面考量自己和别人的看法，并以情理法来衡量，所以选拔贤才时没有遗漏，政事就不会败坏丧亡。

57. 人君之大患也，莫大乎详于小事，而略于大道①；察于近物，而暗于远数②。自古及今，未有如此而不亡也。（卷四十六　中论）

注释

①大道：指最高的治世原则，包括伦理纲常等。

②远数：深远的谋划。

译文

君主最大的弊病，莫过于详察小事而忽略了治国的重要纲领；莫过于只看到眼前的事物，却忽略长远的谋划。从古至今，只要如此，没有不灭亡的。

58. 景公问晏子曰："古者离散其民而陨①失其国者，其常行②何如？"对曰："国贫而好大，智薄而好专；尚谗谀而贱贤人，乐简慢③而轻百姓；国无常法，民无经纪④；好辨以为智，刻民以为忠；

流湎[⑤]而忘国，好兵而忘民；肃于罪诛，而慢于庆赏；乐人之哀，利人之害；德不足以怀人，政不足以匡[⑥]民；赏不足以劝善，刑不足以防非。此亡国之行也。今民闻公令如寇雠，此古之离其民陨其国常行也。”（卷三十三　晏子）

注释

①陨：音yǔn。

②常行：时常有的行为。

③简慢：轻忽怠慢。

④经纪：纲常；条理。

⑤流湎miǎn：放纵而无节制。

⑥匡kuāng：辅助；纠正。

译文

齐景公问晏子说：“古代离散百姓而丧失其国的君主，他常见的行为是怎样的？”晏子回答说：“国家贫穷却好大喜功，智慧浅薄却独断专行；好听信谗谀之言而轻视贤人，好轻慢而忽略百姓；国家没有固定的法律，百姓没有行为准则；把喜好争辩当作智慧，把苛虐百姓当作忠诚；放纵无度而荒废国事，喜好用兵而不顾人民；严于判罪诛杀，疏于赏赐有功；把别人的哀伤当作欢乐，靠损害别人谋取利益；道德微薄不足以安抚百姓，政令苛刻不足以教导百姓；赏赐不足以劝人行善，刑罚不足以防范违法行为。这就是亡国的做法。现在百姓听了国家的政令如同见了仇敌，这就是古代君主离散百姓、丧失国家的常见行为。”

贰　臣术

一　立节

59. 历观古今功名之士，皆有积累殊异[①]之迹，劳身苦体，契阔[②]勤思，平居不惰其业，穷困不易其素[③]。（卷二十八　吴志下）

注释

①殊异：奇特；不寻常。

②契qiè阔：勤苦。

③不易其素：不改变平时的修养及志向。

译文

纵观古往今来有功于社会国家的人士，都积累了特异不凡的事迹，他们劳累身体，承受艰辛，勤奋思考，平常生活不荒废学业，遭遇穷困也不改其志。

60. 夫贤者之为人臣，不损君以奉佞，不阿众[①]以取容[②]，不堕公[③]以听私，不挠[④]法以吐刚[⑤]，其明能照奸，而义不比党[⑥]。（卷四十四　潜夫论）

注释

①阿ē众：迎合多数人。

②取容：讨好别人以求自己安身。

③堕公：毁坏公义。堕，同“隳”。

④挠：音náo。
⑤吐刚：吐出硬的。比喻畏惧强暴。
⑥比党：拉帮结党。

译文

贤明的人做臣子，不以奉承和花言巧语使君主圣德受到损害，不为求取自己安身而曲意迎合大众，不损坏公义来顺从私欲，不因畏惧强权而徇情枉法。他们的明智能够辨别奸邪，他们的行为符合道义，从不结党营私。

61. 杨震字伯起，弘农人也。迁东莱太守。道经昌邑，故[①]所举茂才[②]王密为昌邑令，谒见，至夜怀金十斤以遗[③]震。震曰："故人[④]知君，君不知故人何也？"密曰："暮夜无知者。"震曰："天知神知，我知子知，何谓无知？"（卷二十三　后汉书三）

注释

①故：过去；从前。
②茂才：秀才。因避汉光武帝名讳，改秀为茂。
③遗wèi：给予；馈赠。
④故人：在门生故吏面前的自称。

译文

杨震，字伯起，弘农人。迁官东莱太守。赴任途中经过昌邑，以前所推荐的秀才王密担任昌邑县令，前来晋见，到了晚上，王密身带黄金十斤来送给杨震。杨震说："身为老友的我了解您的为人，而您却不了解我的为人，这是为什么呢？"王密说："在黑夜里没有人知道的。"杨震说："天知道、神知道、我知道、您知道，怎么说没人知道呢？"

62. 昔者晋平公问于叔向曰："国家之患，孰[①]为大？"对曰："大臣重禄不极谏[②]，小臣畏罪不敢言，下情不上通，此患之大者。"
（卷二十二　后汉书二）

注释

①孰：什么。

②极谏：尽力规劝。古代多用于臣下对君主。

译文

从前晋平公问叔向说："国家的祸患，最大的是什么？"叔向说："大臣重视禄位而不极力规谏，小臣怕获罪而不敢说话，下情不能上达，这是国家的大祸患。"

二　尽忠

63. 人臣之行，有（本书有作行）六正[1]则荣，犯六邪[2]则辱。（卷四十三　说苑）

注释

①六正：一、高瞻远瞩，防患未然，此为“圣臣”；二、虚心尽意，扶善除恶，此为“大臣”；三、夙兴夜寐，进贤不懈，此为“忠臣”；四、明察成败，转祸为福，此为“智臣”；五、恪尽职守，廉洁奉公，此为“贞臣”；六、刚正不阿，敢诤敢谏，此为“直臣”。

②六邪：一、安官贪禄，不务公事，此为“具臣”；二、巴结谄媚，曲意逢迎，此为“谀臣”；三、巧言令色，嫉贤妒能，此为“奸臣”；四、巧舌如簧，挑拨离间，此为“谗臣”；五、专权擅势，结党营私，此为“贼臣”；六、幕后指挥，兴风作浪，此为“亡国之臣”。

译文

作为人臣的操守，实行“六正”就会得到尊荣，触犯“六邪”就会自取其辱。

64. 子曰："君子之事上也，进思尽忠，退思补过，将顺[①]其美，匡救其恶，故上下（上下下旧有治字，删之）能相亲也。"君臣同心，故能相亲。（卷九　孝经）

注释

①将顺：顺势促成。将，顺从，尊奉。

译文

孔子说："君子在侍奉国君，上朝为官时，总想着尽忠职守且认真负责，为天下人谋福利；退朝居家时，总想着补救自身的过失，增进德行学问，以便利益大众。如果国君有美德善行的事，一定顺势促成；对于国君的过恶，一定帮助他匡正、补救，能尽心尽力做到这样，那么君臣上下必能同心同德、相亲相爱。"

三　劝谏

65. 忠有三术：一曰防，二曰救，三曰戒。先其未然，谓之防也；发而进谏（进谏作止之），谓之救也；行而责之，谓之戒也。防为上，救次之，戒为下。（卷四十六　申鉴）

译文

臣子尽忠有三种策略：第一种是预防，第二种是补救，第三种是告诫。错误尚未发生而能设法避免，称为“防”；刚刚发生错误而能进行劝阻，称为“救”；已经造成既定事实而能直言指正，称之为“戒”。预防为上策，补救为次等，告诫是下策。

66. 孔子曰：“侍于君子①有三愆②：言未及之而言，谓之躁；躁，不安静。言及之而不言，谓之隐；隐，匿，不尽情实。未见颜色③而言，谓之瞽④。”未见君子颜色所趋向而便逆先意语者，犹瞽者也。（卷九　论语）

注释

①君子：指才德出众的人或是在位的君王。

②愆qiān：罪过；过失。

③颜色：表情；神色。

④瞽gǔ：本指瞎眼的人，此处则表示没有见识、

没有观察力的人。

译文

孔子说："随侍君子时容易犯三种过失：话没到该说时就说，这就是心浮气躁；话当说而不说，这就是隐匿之过；没有观察君子的神色就说话，这就是不懂言语分寸，犹如盲人说话不看对方，大为失礼，所以也是过失。"

67. 景公问晏子曰："忠臣之事君，何若？"对曰："有难不死，出亡①不送。"公不悦曰："君裂地而富（富作封）之，疏爵而贵之，有难不死，出亡不送，其说何也？"对曰："言而见②用，终身无难，臣何死焉；谋而见从，终身不出，臣何送焉。若言不用，有难而死，是妄死③也；谋而不从，出亡而送，是诈伪④也。忠臣也者，能纳善于君，而不与君陷于难者也。"（卷三十三　晏子）

注释

①出亡：出逃；逃亡。亡，出逃。
②见：用在动词前面表示被动，相当于"被""受到"。
③妄死：无意义的死。
④诈伪：弄虚作假；伪装假冒。

译文

齐景公问晏子："忠臣应该如何辅佐国君？"晏子回答说："国君有危难，忠臣不送死；国君出外逃亡，忠臣不送行。”景公很不高兴地说：“君主分封土地使臣子富足，分封爵位使臣子显贵，君主有灾难，臣子却不舍身拼死，君主出逃臣子却不送行，这种说法是何道理？”晏子答道：“谏言如果被采用，国君一生都没有危难，忠臣何需送死？谋划如果被听从，国君终身不至于逃亡，忠臣何需送行？如果谏言不被采用，国君有危难而忠臣跟着送死，那是白白送死！如果谋划不被采纳，国君逃亡而忠臣送行，那是欺骗、伪善！所谓的忠臣，是善于向君主进谏良策，而不是和君主一起陷于危难。”

四 举贤

68. 子曰："……汝闻用力[①]为[②]贤乎？进贤[③]为贤乎？"子贡曰："进贤贤哉。"子曰："然。"（卷十 孔子家语）

注释

①用力：使用力气，花费精力。
②为：音wéi。
③进贤：举荐贤能之士。

译文

孔子说："……你听说过是卖力的人贤明，还是推荐贤才的人贤明呢？"子贡说："推荐贤才的人才是贤明啊！"孔子说："对。"

69. 忠臣之举贤也，不避仇雠[①]；其废不肖[②]也，不阿[③]亲近。（卷四十 韩子）

注释

①仇雠：仇人；冤家对头。雠，仇敌。
②不肖：不成材或不正派的人。
③阿ē：徇私，偏袒。

译文

忠臣推荐贤能的人，不避仇怨；罢黜不肖的人，不偏袒亲近。

叁 贵德

一 尚道

70. 天命之谓性，率性之谓道，修道之谓教。性者，生之质也。命者，人所禀受。率，循，循性行之是曰道。修，治也，治而广之，人放①效之，是曰教。道也者不可须臾②离也，可离非道也。道，犹道路也，出入动作由之，须臾离之，恶乎从。（卷七　礼记）

注释

①放：通“仿”。

②须臾：片刻，短时间。

译文

人人本具的纯净纯善，称为“自性”，随顺自性皆能学为圣贤，称之为“道”，修养道德自然能够感化别人，这称为“教”。因此“道”无所不在，片刻都不能离，能够离开的，那就不是道。

71. 保合大和，乃利贞①。不和而刚暴也。首出庶物②，万国咸宁。万国所以宁，各以有君也。（卷一　周易）

注释

①利贞：和谐贞正。

②庶物：众物，万物。

译文

宇宙的运行，保持着和谐自然的关系，才能使万物祥和有益，永远纯正。它创造了世间万物，使天下都得到安宁，而君王受到百姓的推崇，能效法天德长养万物，天下就能得到安宁。

72. 人法[1]地，人当法地，安静和柔也，劳而不怨，有功而不宣。地法天，施而不求报，生长万物，无所收取。天法道，清静不言，万物自成。道法自然。道性自然，无所法也。（卷三十四　老子）

注释

①法：仿效，效法。

译文

人应当效法大地，安静柔和、无私无怨地承载、养育万物而不居功；大地效法上天，包容万物，普施而不求回报；上天效法道的精神，清静无为，万物自成；道性自然而然。

73. 圣人不积，圣人积德不积财，有德以教愚，有财以与贫。既[1]以为人，己愈有。既以财贿布施与人，财益多。如日月之光，无有尽时。天之道，利而不害；天生万物，爱育之令长大，无所害也。圣人之道，为而不争。圣人法天，所施为化成事就，不与下争功名，故能全其圣功也。（卷三十四　老子）

注释

①既：尽；全部。

译文

圣人无私而不积藏，有德则教愚，有财则济人，尽其所有来帮助别人，自己反而更充足。因此，天道是全然利于而不侵害万物；圣人之道是遵循自然法则，帮助世人而毫不争夺。

74. 好学近于智，力行[①]近于仁，知耻近于勇。知斯[②]三者，则知所以修身；知所以修身，则知所以治人；知所以治人，则能成天下国家矣。
（卷十　孔子家语）

注释

①力行：竭力实践，勉力去做。

②斯：此，这。

译文

喜爱学习圣贤教诲就接近于智，将学到的教诲好好落实就能接近仁，在学习或落实的过程中，知道自己的错误而发羞耻心去改正，这就接近勇。了解智、仁、勇三种品德，就知道如何修正自己错误的想法、看法、说法、做法；知道如何修正自己，就知道如何管理人民；知道如何管理人民，就能办好天下国家的事了。

75. 发政[①]施令[②]，为天下福者，谓之道；上下相亲，谓之和；民不求而得所欲，谓之信；除天下之害，谓之仁。仁与信，和与道，帝王之器[③]也。（卷三十一　鬻子）

注释

①发政：发布政令；施行政治措施。

②施令：施行政令；施行教令。

③器：宝器。

译文

发布施行政令，是为天下人谋福利的，称为道义；君民上下相亲相爱，称为和睦；人民不需开口恳求而君王就能体察施予，称为诚信；能消除天下人的祸患，称为仁爱。仁爱与诚信，和睦与道义，都是帝王的法宝。

76. 文王曰：“何如而可以为天下？”太公对曰：“大盖天下，然后能容天下；信盖天下，然后可约天下；仁盖天下，然后可以求天下；恩盖天下，然后王[①]天下；权盖天下，然后可以不失天下；事而不疑[②]，然后天下恃[③]。此六者备，然后可以为天下政。”（卷三十一　六韬）

注释

①王wàng：统治；称王。

②疑：迟疑；犹豫。

③恃shì：依赖；凭借。

译文

文王问太公："怎样才能治理天下？"太公说："度量之大足以涵盖天下，然后才能包容天下；诚信足以遍及天下，然后才能约束天下；仁德足以遍及天下，然后才能怀服天下；恩惠足以遍覆天下，然后才能统领天下；权威足以遍及天下，然后才能不失去天下；遇事当机立断而不犹豫，然后能为天下之依靠。这六项条件都具备了，才可以治理好天下。"

77. 故君子不恤①年之将衰，而忧志之有倦。不寝②道焉，不宿③义焉。言而不行，斯寝道矣；行而不时④，斯宿义矣。（卷四十六　中论）

注释

①恤：忧虑；忧患。

②寝qǐn：止息；废置。

③宿：拖延；停留。

④不时：不及时。

译文

君子不忧虑自己年老力衰，而是担忧心志倦怠。不让道业荒废停止，不让义理弃置不为。光说而不去做，这样道业就被荒废了；没有及时去做，这样义理就被弃置了。

78. 乾……《象》曰：天行①健②，君子以自强不息。（卷一　周易）

注释

①天行：天体的运行。

②健：强有力。

译文

乾卦。……《象传》说：乾卦象征天道运行的刚健而永恒，君子应当效法天道，自我奋发图强，永不止息。

79. 坤。《象》曰：地势坤。君子以厚德载物。（卷一　周易）

译文

坤卦。《象传》说：坤卦象征大地的气势宽厚和顺。君子应当取法大地，以深厚的德行容载万物。

80. 不修善事，即为恶人；无事于大，则为（旧无人无至则为七字，补之）小人。纣为无道，见①称独夫②；仲尼陪臣，谓为素王③。即君子不在乎富贵矣。（卷五十　抱朴子）

注释

①见：用在动词前面表示被动，相当于“被”“受到”。

②独夫：暴虐无道的君主。

③素王：有王者之德而未居王者之位者。

译文

不行善事的，就是恶人；不奉事尊长的，就是小人。

商纣王为君无道，所以被称为“独夫”；孔子身为诸侯的大夫，却被推许为“素王”。这说明君子并不在于是否有权势和财富。

二 孝悌

81. 孝悌[1]之至，通于神明，光于四海，无所不通。孝至于天，则风雨时；孝至于地，则万物成；孝至于人，则重译来贡，故无所不通也。（卷九 孝经）

注释

①孝悌：孝顺父母，友爱兄弟。

译文

真正能够把孝敬父母、友爱兄弟之道做到尽善尽美，就会感通天地神明，四海之内充满道德的光辉，没有一个地方不受孝道的感化。

82. 蓼[1]蓼者莪[2]，匪[3]莪伊蒿[4]。兴也。蓼蓼，长大貌也。莪已蓼蓼长大，我视之反谓之蒿，兴者，喻忧思心不精识其事也。哀哀父母，生我劬劳[5]。哀哀者，恨不得终养父母，报其生长己之苦也。无父何怙[6]？无母何恃？出则衔恤[7]，入则靡[8]至。恤，忧也，孝子之心，怙恃父母，依依然以为不可斯须无也，出门则思之忧，旋入门又不见，如入无所至也。父兮生我，母兮鞠我，拊[9]我畜我，长[10]我育我，顾我复我，出入腹我。鞠，养也。顾，旋视也。复，反复也。腹，怀抱。欲报之德，昊[11]天罔[12]极。之犹是也，我欲报父母是德，昊天乎我心无极也。（卷三 毛诗）

注释

①蓼：音lù。

②莪：音é。

③匪：通“非”。不，不是。

④蒿：音hāo。

⑤劬qú劳：劳累；劳苦。

⑥怙hù：依赖；凭恃。

⑦衔xián恤：含哀；心怀忧伤。

⑧靡：不，没。

⑨拊：音fǔ。

⑩长：音zhǎng。

⑪昊：音hào。

⑫罔：音wǎng。

译文

那片长长的莪蒿，原来是青蒿，心中充满忧思，竟把青蒿都看错了。我可怜的父母啊，为了养育我，劳苦憔悴！没有父亲，我可以依靠谁？没有母亲，我可以仰赖谁？行走在外，心中悲痛；回到家中，房屋空旷，再也见不到父母，就像没有到家一样。父亲啊您生下我，母亲啊您养育我，你们抚育我疼爱我，长养我教育我，反复顾看挂念我，出入都怀抱着我。想要报答父母含辛茹苦拉扯我长大的深恩，却再也没有这个机会了，苍天啊苍天，我心常所忆念，痛切之极，没有停止之时。

83. 孝有三：小孝用力，中孝用劳[1]，大孝不匮[2]。劳，犹功。思慈爱忘劳，思慈爱忘劳，思父母之慈爱己，而自忘己之劳苦。可谓用力矣；尊仁安义，可谓用劳矣；博施备物，可谓不匮矣。父母爱之，喜而弗忘；父母恶之，惧而无怨；无怨，无怨于父母之心也。父母有过，谏而不逆；顺而谏之。父母既③没④，必求仁者之粟以祀之。此之谓礼终。喻贫困犹不取恶人之物以事己（己作亡）亲。（卷七 礼记）

注释

①劳：功劳；功绩。

②不匮kuì：不竭；不缺乏。

③既：已经。

④没：通“殁”。死。

译文

孝道有三种层次：小孝用体力，中孝用功劳，大孝永不匮乏，能使天下人永远保持孝心孝行的精神。想到父母慈爱养育之恩，竭力供养而忘记自身的疲劳，这可称为用力；尽本分去利益大众，使人民尊重仁德、安行道义，这可称为用劳；广施德教，使四海之内丰衣足食，人民各自安守本分地礼敬、祭祀父母，这可称为不匮。父母喜爱我们，做子女的一定是高兴而且不敢忘怀；父母嫌弃我们，做子女的应该深加警惕而没有埋怨；父母有了过失，要婉言劝谏而不能忤逆；父母去世之后，必以正当所得的食物来祭祀他们。这才是有始有终的孝亲之礼。

84. 身体发肤，受之父母，不敢毁伤，孝之始也。立身行道[①]，扬名于后世，以显父母，孝之终也。夫孝，始于事亲，中于事君，终于立身。
（卷九　孝经）

注释

①立身行道：修养自身，奉行道义。立身，建立自身做人处世的基础。

译文

人的身躯、四肢、毛发、皮肤都是父母给予的，应当谨慎爱护，不敢毁损伤害，这是实行孝道的开始。自身有所建树，实行正道，把名声显扬于后世，使父母获得荣耀，则是实行孝道最终的目标。所以实行孝道，开始于侍奉双亲，推广于侍奉君王，最终的目的则是立身行道。

85. 在上不骄，高而不危；诸侯在民上，故言在上。敬上爱下，谓之不骄，故居高位而不危殆也。制节谨度，满而不溢。费用约俭，谓之制节。奉行天子法度，谓之谨度。故能守法而不骄逸也。高而不危，所以长[①]守贵也；居高位能不骄，所以长守贵也。满而不溢，所以长守富也。虽有一国之财而不奢泰，故能长守富。富贵不离其身，富能不奢，贵能不骄，故云不离其身。然后能保其社稷，而上能长守富贵，然后乃能安其社稷。和其民人。薄赋敛，省傜役，是以民人和也。盖诸侯之孝也。《诗》云：“战战兢兢，如临深渊，如履薄冰。”战战，恐惧。兢兢，戒慎。如临深渊，恐坠。如履薄冰，恐陷。（卷九　孝经）

注释

①长：长久；永久。

译文

身居高位能敬上爱下而没有傲慢之心，尽管地位很高，也不会发生倾覆的危险；能节俭守法，即使财富很充裕，也不会奢侈浪费。处于高位而没有倾覆的危险，这样就能长久保持尊贵的地位；财物充裕而不浪费，这样就能长久守住财富。能使财富和尊贵不离于身，然后才能保住自己的国家，使人民和乐相处。这就是诸侯应尽的孝道！《诗经》说："时时要戒慎恐惧，好比行走在深潭的旁边，又好像踏在薄冰的上面，唯恐会陷落。"

86. 非先王之法服[①]不敢服[②]，非先王之法言[③]不敢道，不合诗书，不敢道。非先王之德行不敢行。不合礼乐，则不敢行。是故非法不言，非诗书，则不言。非道不行。非礼乐，则不行。口无择言[④]，身无择行[⑤]，言满天下无口过，行满天下无怨恶。三者备矣，然后能守其宗庙。法先王服，言先王道，行先王德，则为备矣。盖卿大夫之孝也。《诗》云："夙夜匪[⑥]懈，以事一人。"夙，早也。夜，暮也。一人，天子也。卿大夫当早起夜卧，以事天子，勿懈惰。（卷九　孝经）

注释

①法服：古代根据礼法规定的不同等级的服饰。

②服：穿着。

③法言：合乎礼法的言论。

④口无择言：说话皆合道理，无须经过选择。

⑤身无择行：所作所为都遵循法道，自然形成习惯，无须刻意选择。

⑥匪：同“非”。不，不是。

译文

（卿大夫）非符合古圣先王礼法原则的服装不敢穿，非符合古圣先王礼法原则的言论不敢讲，非古圣先王的道德行为不敢行。所以，不合礼法的话不讲，不合道德的行为不行。说话无须刻意选择，都合乎道理，行为无须刻意选择，都遵循法道。纵使言语传遍天下，也不会口中有失；即使所作所为天下皆知，也不会有怨恨厌恶。服饰、言语、行为三者都能遵守礼法道德，完备无缺，这样才能守住其祭祀先祖的宗庙。这就是卿大夫的孝道。《诗经》说：“要早晚勤奋不懈，来侍奉天子。”

87. 故以孝事君则忠，移事父孝，以事于君，则为忠也。以敬事长则顺。移事兄敬，以事于长，则为顺矣。忠顺不失，以事其上，事君能忠，事长能顺，二者不失，可以事上也。然后能保其禄位，而守其祭祀，盖士之孝也。（卷九　孝经）

译文

用奉事父母的孝心来奉事国君，必能做到忠诚；用奉事兄长的敬心来奉事上级，必能做到顺从。忠诚与顺从，都做到没有什么缺憾和过失，用这样的态度去奉事国君和上级，就能保住自己的俸禄和职位，守住宗庙的祭祀，这就是士人应尽的孝道。

88. 因[①]（因上旧有子曰二字。删之。）天之道，春生夏长，秋收冬藏，顺四时以奉事天道。分地之利。分别五土，视其高下，此分地之利。谨身节用，以养父母。行不为非，为谨身；富不奢泰，为节用。度财为费，父母不乏也。此庶人之孝也。故自天子至于庶人，孝无终始，而患不及己者，未之有也。总说五孝，上从天子，下至庶人，皆当孝无终始。能行孝道，故患难不及其身。未（未下九字恐有脱误）之有者，言未之有也。（卷九　孝经）

注释

①因：顺，顺应。

译文

利用节气的自然规律，充分辨别土地的好坏和适应情况，以获取最大的收成。谨慎遵礼，节省用度，以此来供养父母，这就是老百姓应尽的孝道。因此，上自天子下至老百姓，孝道是不分尊卑，超越时空永恒存在，无始无终的。孝道是人人都能做得到的，而担心自己做不到，那是不可能的事。

89. 子曰："孝子之事亲，居则致[①]其敬；养则致其乐；乐竭欢心以事其亲。病则致其忧；丧则致其

哀；祭则致其严[②]；五者备矣，然后能事亲。”（卷九　孝经）

注释

①致：尽。

②严：尊敬；尊重。

译文

孔子说：“孝子侍奉父母亲，日常居家的时候，应尽恭敬的心去侍候；奉养的时候，应尽和悦的心去服侍；父母生病时，应尽忧虑的心去照料；父母去世，应尽哀痛的心去料理后事；祭祀时，应尽严肃的心去祭祀。以上五点完全做到，才算是尽到侍奉双亲的责任。”

90. 曾子曰：“身也者，父母之遗体[①]也。行父母之遗体，敢不敬乎？居处不庄，非孝也；事君不忠，非孝也；莅官[②]不敬，非孝也；朋友不信，非孝也；战陈[③]无勇，非孝也。五者不遂[④]，灾及于亲，敢不敬乎？”遂，犹成也。（卷七　礼记）

注释

①遗体：人的身体，都是父母遗留下来的骨肉，故称为“遗体”。

②莅官：到职；居官。

③战陈zhèn：交战对阵。陈，通“阵”。

④遂：完成。

译文

曾子说："人的身体，是父母生下来的。用父母生下来的身体去做事，怎么敢不慎重呢？生活起居不庄重，不是孝的表现；为国君效力不忠诚，不是孝的表现；身任官职而不认真负责，不是孝的表现；跟朋友交往而不讲信用，不是孝的表现；作战时没有勇敢精神，不是孝的表现。这五个方面做不好，就会损及父母的名声，怎敢不慎重呢？"

91. 一举足而不敢忘父母，一出言而不敢忘父母。一举足而不敢忘父母，是故道而弗径，径，步邪趋疾也。舟而不游，不敢以先父母之遗体行危殆。一出言而不敢忘父母，是故恶言不出于口，忿言不及（及作反）于身。不辱其身，不羞其亲，可谓孝矣！（卷七　礼记）

译文

每踏出一步都不敢忘记父母，每次开口说话都不敢忘记父母。每踏一步不敢忘记父母，所以只走正道而不走邪僻的捷径，有船可乘就不涉水过河，不敢用父母遗留给我们的身体冒险。每次开口说话不敢忘记父母，因此不会口出恶言，招致别人的辱骂。对于自己的言行举止都能这样谨慎小心，不侮辱自己的名声，也不使父母遭到羞辱，这可称得上是孝了。

92. 故不爱其亲，而爱他人者，谓之悖[①]德。人不能爱其亲，而爱他人亲者，谓之悖德。不敬其亲，而敬

他人者，谓之悖礼。不能敬其亲，而敬他人之亲者，谓之悖礼也。（卷九　孝经）

注释

①悖：违逆；违背。

译文

不爱自己的父母，而去爱其他人，这就叫作违背道德。不尊敬自己的父母，而去尊敬别人，这就叫作违背礼法。

三　仁义

93. 曾子曰："士不可以不弘毅[①]，任重而道远。弘，大也。毅，强而能断也。士弘毅然后能负重任，致远路也。仁以为己任，不亦重乎？死而后已[②]，不亦远乎？"仁以为己任，重莫重焉；死而后已，远莫远焉。（卷九　论语）

注释

①弘毅：宽宏坚毅，谓抱负远大，意志坚强。

②已：停止。

译文

曾子说："作为士，心志不可以不宏大刚毅，因为肩负的责任重大，而且行走的路程遥远。把实行仁德作为自己的责任，这责任不是很重大吗？这个重责大任要一直承担下去，到死为止，这路程不是很遥远吗？"

94. 有一言而可常行者，恕也；一行而可常履[①]者，正也。恕者仁之术也，正者义之要也。至矣哉！（卷四十六　申鉴）

注释

①履：执行；实行。

译文

有一个字是可以恒常奉行的，就是“恕”，己所不欲，勿施于人；有一种行为是可以恒常实践的，就是“正”，正直无私。恕，是施行仁德的方法；正直，是遵守道义的要领。真是太重要了！

95. 颜渊问仁。子曰："克己复礼[①]为仁。克己，约身。一日克己复礼，天下归仁焉。一日犹见归，况终身乎。为仁由己，而由人乎哉？"行善在己不在人。曰："请问其目[②]。"知其必有条目，故请问之。子曰："非礼勿视，非礼勿听，非礼勿言，非礼勿动。"此四者，克己复礼之目。（卷九　论语）

注释

①克己复礼：约束自我，使言行合乎先王之礼。

②目：条目；要目；细则。

译文

颜渊请教如何实践仁德。孔子说："克制自己的欲望，使言语行动都合于礼节，这便是仁。只要有一天真正做到克己复礼的功夫，那么天下的人都会受到感化，而归向于仁德。实践仁德全靠自己来下功夫，还要靠别人吗？"颜渊说："请问具体的条目？"孔子说："不合于礼的不看，不合于礼的不听，不合于礼的不说，遇到一切不合于礼的事情都不动心。"

96. 仲弓问仁。子曰："出门如见大宾[①]，使民

如承大祭[②]。仁之道莫尚乎敬。己所不欲，勿施于人。在邦无怨，在家无怨。”在邦为诸侯，在家为卿大夫。（卷九　论语）

注释

①大宾：泛指国宾。

②大祭：古代重大祭祀之称。包括天地之祭、禘祫之祭等。

译文

仲弓请教如何实践仁德。孔子说：“出门与人相见，像接待贵宾一样恭敬；差遣民力，像承担重大祭祀一样慎重。凡是自己不愿接受的事情，不要强加于人。在诸侯的国家里没有人怨恨，在大夫的封地没有人怨恨，无论在哪里做事，都不会使人抱怨，这便是仁德。”

97. 贫贱之知不可忘，糟糠之妻[①]不下堂[②]。（卷二十二　后汉书二）

注释

①糟糠之妻：贫困时共患难的妻子。糟，酒滓。糠，谷皮。糟糠比喻粗劣食物。

②下堂：女子被丈夫遗弃或和丈夫离异。

译文

人不能忘本，纵使自己飞黄腾达了，患难当中的知交朋友不能遗忘，对于跟我们胼手胝足的妻子也不能抛弃。

四 诚信

98. 天地有纪矣，不诚则不能化育；君臣有义矣，不诚则不能相临；父子有礼矣，不诚则疏；夫妇有恩矣，不诚则离；交接[1]有分矣，不诚则绝。以义应当[2]，曲得其情，其唯诚乎。
（卷四十八 体论）

注释

①交接：交往；结交。

②应当yìngdàng：应事得当。

译文

天地是有纲纪的，不真诚就不能化育万物；君臣之间是有道义的，不真诚就不能相处共事；父子之间是有礼节的，不真诚就会无礼而疏远；夫妇之间是有恩义的，不真诚就会忘恩而离异；结交朋友是有情分的，不真诚就会无情而断绝来往。以道义来处事、待人、接物都能应对恰当，微细地体察到对方的心意、需要或是事物的真相，这唯有用真诚心才能做到啊！

99. 君子养心，莫善于诚。致诚[1]无他，唯仁之守，唯义之行。诚心守仁则能化；诚心行义则能变。变化代兴[2]，谓之天德。（卷三十八 孙卿子）

注释

①致诚：使诚心达到极点。

②代兴：更迭兴起或盛行。

译文

君子修养心性，没有比真诚更好的了。要做到至诚，没有其他方法，唯有信守仁德，实践道义。以至诚心来守住仁德，就能教化百姓；以至诚心行使道义，就能改变风俗使民心向善。善良风俗代而兴起，如此可说是与天同德。

100. 唯君子为能信，一不信则终身之行废矣，故君子重之。（卷五十　袁子正书）

译文

只有君子能坚守信义，因为一不守信义，那么一生的作为都将被世人否定、唾弃，所以君子非常看重信义。

101. 孔子曰："欲人之信己，则微言而笃行[1]之。笃行之，则用日久；用日久，则事著明；事著明，则有目者莫不见也，有耳者莫不闻也，其可诬乎？"（卷四十六　中论）

注释

①笃行：切实履行；专心实行。笃，纯一、专一。

译文

孔子说："想让别人信任自己，就应当少说而切实履行。真正落实去做，效果就能持久；成效日益长久，事理更能彰显；事理都明白，那么大家有目共睹，有耳皆闻，谁还能歪曲事实真相呢？"

102. 子夏曰："君子信而后劳其民，未信则以为厉[①]己也。厉，病。信而后谏，未信则以为谤己也。"（卷九　论语）

注释

①厉：虐害；欺压。

译文

子夏说："君子在位时，先要取得民众的信赖，然后才能劳役民众；如果未取得信赖，民众会以为这是在虐待他们。君子若处于臣位时，应先取得君主的信任，然后才能规谏；如果未取得信任，君主会以为这是在毁谤他。"也就是说，君子使民、事君，都要以信任为基础。

103. 夫信由上而结者也。故君以信训其臣，则臣以信忠其君；父以信诲其子，则子以信孝其父；夫以信先其妇，则妇以信顺其夫。上秉常[①]以化下，下服常而应上，其不化者，百未有一也。（卷四十九　傅子）

注释

①秉常：执持常理。

译文

诚信是由在上者缔结的。所以，君主以诚信的言行态度来教导臣子，臣子就会以诚信忠于君主；父亲用诚信的身教来教诲子女，子女就会用诚信孝顺父亲；丈夫用诚信来对待妻子，妻子就会用诚信顺承丈夫。在上位者如果能依循伦常大道来教化下位者，下位者自然会服从常道而顺应上位者，如此上行下效，还有不被教化的人，一百个里面也找不到一个。

104. 色[①]取仁而实违之者，谓之虚；不以诚待其臣，而望其臣以诚事己，谓之愚。虚愚之君，未有能得人之死力者也。故书称君为元首，臣为股肱[②]。期其一体相须而成也。（卷四十八　体论）

注释

①色：外表。

②肱：音gōng。

译文

表面上取用仁义而实际是违背的，叫作虚伪；不用真诚来对待自己的臣属，却希望臣属真诚地侍奉自己，叫作愚昧。虚伪愚昧的君主，不可能得到肯效死出力的臣属。所以《尚书》说君主就像是人的头部，臣属就像是人的胳臂和大腿，这是希望君臣能成为一个整体，相互配合使国家大治。

105. 巧诈不如拙诚。（卷四十 韩子）

译文

妍巧诡诈不如朴拙诚实。

106. 作德，心逸日休①；作伪，心劳日拙。为德，直道而行，于心逸豫，而名日美。为伪，饰巧百端，于心劳苦，而事日拙，不可为之也。（卷二 尚书）

注释

①休：喜庆；美善。

译文

积德行善的人，心定神闲而一天比一天更喜悦快乐；作假造恶的人，心思费尽却一天比一天更窘迫困苦。

五 正己

107. 曾子曰："敢问何谓七教？"孔子曰："上敬老，则下益孝；上尊齿[①]，则下益悌；上乐施，则下益宽；上亲贤，则下择友；上好德，则下无隐；上恶贪，则下耻争；上廉让，则下知节。此之谓七教也。七教者，治民之本也。政教定，则本正矣。凡上者，民之表也，表正则何物不正！"
（卷十 孔子家语）

注释

①齿：指人的年龄。

译文

曾子说："敢问什么是七教？"孔子说："君上尊敬老人，臣民就更加孝亲；君上尊敬年长者，臣民就更加友爱兄长；君上乐善好施，臣民就更加宽厚；君上亲近贤士，臣民就重视择友；君上注重道德修养，臣民就不会做不可告人的事；君上厌恶贪婪，臣民就耻于相争；君上清廉谦让，臣民就知道坚守节操。这就是七教。七教是治理人民的根本。政治教化的原则确定了，那么根本就端正了。凡是在上位者，皆是人民的表率，表率端正，还有什么事物不端正！"

108. 子曰："其身正，不令而行；其身不正，虽令不从。"令，教令也。（卷九　论语）

译文

孔子说："当政者本身言行端正，能做出表率模范，不用发号施令，人民自然起身效法，那么政令将会畅行无阻；如果当政者本身言行不正，虽下命令，人民也不会服从遵守。"

109. 故君子为政，以正己为先，教禁[①]为次。（卷四十七　政要论）

注释

①教禁：教化和禁令。

译文

君子治理政务，首先要端正自己的思想言行，其次才是推行教育和禁令。

110. 子曰："下之事上也，不从其所令，而从其所行。言民化行，不拘于言也。上好是物，下必有甚矣。甚者，甚于君也。故上之所好恶，不可不慎也，是民之表也。"言民之从君，如影之逐表。（卷七　礼记）

译文

孔子说："下级为上级办事，并非只是机械地服从命令，而是看着上级的行为而效法他。上级爱好某一事物，下级一定有比他更加爱好的。所以上位者择取好恶的立场，不能不谨慎，因为这都是民众的表率。”

111. 我有公心焉，则士民不敢念其私矣；我有平心焉，则士民不敢行其险矣；我有俭心焉，则士民不敢放其奢矣。此躬行之所征者也。（卷四十五　昌言）

译文

上位者有公正之心，下属、百姓就不敢有谋私的念头；上位者能有平等之心，下属、百姓就不敢行险，心存侥幸；上位者有节俭之心，下属、百姓就不敢放纵享受、奢侈浪费。这是在上位者以身作则所起的作用。

112. 太公曰：“将有三礼。冬日不服裘，夏日不操扇，天雨不张盖幕，名曰三礼也。”（卷三十一　六韬）

译文

太公说：“将帅有‘三礼’必须亲身力行来做表率。冬天不穿皮衣，夏天不执扇子，下雨天不张伞盖，这才能与士卒同甘共苦，以上称为‘三礼’。”因为将帅不行礼法，就无法体会到士卒的冷暖。

113. 孔子曰：“君子有三恕。有君不能事，有臣而求其使，非恕也；有亲弗能孝，有子而求其报，非恕也；有兄弗能敬，有弟而求其顺，非恕也。

士能明于三恕之本，则可谓端身矣。”端，正也。（卷十　孔子家语）

译文

孔子说：“君子有三个方面要心存推己及人的恕道。有君主不能忠心奉事，却要求部属供他使唤，这就不是恕道；对父母不能力尽孝道，却要求孩子回报恩德，这就不是恕道；有兄长不能够尊敬，却要求弟弟顺从自己，这也不是恕道。士能明白忠于君、孝于亲、悌于兄这三者是恕道的根本，那就可以说是端正自己了。”

114. 是故君子有诸[①]己，而后求诸人；无诸己，而后非诸人。（卷七　礼记）

注释

①诸：之于。

译文

因此有德行的领导人，一定是自己先有了善行，然后再带动别人行善；一定是先要求自己没有恶行，然后再禁止别人作恶。

115. 君子能为可贵，不能使人必贵己；能为可信，不能使人必信己；能为可用，不能使人必用己。故君子耻不修，不耻见[①]污；耻不信，不耻不见信；耻不能，不耻不见用。是以不诱于誉，不恐于诽，率[②]道而行，端然正己，不为物倾侧[③]，夫是之谓

诚[4]君子。（卷三十八　孙卿子）

注释

①见：用在动词前，表示被动。

②率：遵行；遵循。

③倾侧：偏侧不正。

④诚：真正；确实。

译文

君子能做到值得人尊重，但不能让别人必定尊重自己；能够做到值得人信任，但不能让别人必定信任自己；能够做到值得任用，但不能让别人必定任用自己。所以君子以不修养品德为耻，不以被侮辱为耻；以不守信用为耻，不以不被信任为耻；以没有才能为耻，不以不被任用为耻。因此不被虚有美誉所引诱，不被诽谤而恐惧，遵循正道而行，端正自身，不被外物所动摇，这才称得上是真正的君子。

116. 荣辱之责，在乎己，而不在乎人。（卷四十　韩子）

译文

招致光荣或侮辱的责任，全在自己，不在别人。

117. 家人。《象》曰：……君子以言有物[1]，而行有恒。家人之道，修于近小而不妄者也。故君子言必有物，而口无择言；行必有恒，而身无择行也。（卷一　周易）

注释

①物：事物的内容、实质。

译文

家人卦。《象传》说：…… 为人领导、父母或老师，时时保持言语真实诚恳，而且力行要有始有终。

118. 衣冠中，故朝无奇僻之服；所言义，故下无伪上之报；身行顺，治事公，故国无阿党[1]之义。三者，君子常行也。（卷三十三　晏子）

注释

①阿ē党：逢迎上意，徇私枉法；比附于下，结党营私。

译文

国君的衣冠中规中矩，因此朝廷内就不会出现奇装异服；所说的话符合道义，因此臣下就不会谎报下情；自身行为遵循道义，处事公正，那么国家就不会有阿谀奉承、结党营私的现象。以上这三点，乃国君日常的行为规范。

119. 故声无小而不闻，行无隐而不形。玉在山而木草润，渊生珠而崖不枯。为善积也，安有不闻者乎？（卷三十八　孙卿子）

译文

声音不因为小，而没有人听到；德行不因为隐藏，而不被发现。宝玉蕴藏在山中，山上的草木都得到滋润；深潭里有了珍珠，连潭岸都不会干枯。由此可知，行善贵在日积月累，哪有不为人知的道理呢？

六　度量

120. 帝曰："夫建大事者，不忌小怨。"（卷二十一　后汉书一）

译文

汉朝光武帝说："建立伟大功业的人，为大局着想，不会记恨小的仇怨。"

121. 老子曰："报怨以德。"（卷四十　贾子）

译文

老子说："不记仇恨，反而用恩德去回报伤害我们的人。"

七 谦虚

122.《彖[1]》曰：谦亨[2]。天道下济而光明，地道卑而上行。天道亏盈而益谦，地道变盈而流谦，鬼神害盈而福谦，人道恶盈而好谦。谦尊而光，卑而不可逾[3]，君子之终也。（卷一 周易）

注释

①彖tuàn：《易经》中解释卦义的文字。

②亨：通达；顺利。

③逾：超越。

译文

《彖传》说：谦卑，则亨通。天道的法则是向下周济万物，光明普照天下；地道的法则是位处卑下而地气向上运行；天地沟通，阴阳和合，所以说“亨通”。天的法则是减损盈满者，增益谦虚者；地的法则是改变盈满者，充实谦虚者；鬼神的法则是伤害盈满者，施福谦虚者；人类的法则是憎恶盈满者，喜欢谦虚者。谦虚者若位居尊贵，他的道德更显光明；即使位居卑下，他的道德也不可超越；君子处于尊位或卑位，均能终生保持谦虚的美德，同时获得谦虚带来的终生福报。

123. 惟德动天，无远弗届[1]。满招损，谦受益，

时[2]乃天道。自满者人损之，自谦者人益之，是天道之常。（卷二　尚书）

注释

①届：至；到。

②时：通“是”。此；这。

译文

只有德行能感通天地，无论多远的人都会来归顺。自满会招来损害，谦虚会得到益处，这是自然的规律。

124.《象》曰：劳谦[1]君子，万民服也。（卷一　周易）

注释

①劳谦：勤劳而谦恭。

译文

《象传》说：勤劳而谦恭的君子，必然会得到万民的景仰和归服。

125. 德日新，万邦惟怀；志自满，九族[1]乃离。日新，不懈怠也。自满，志盈溢也。（卷二　尚书）

注释

①九族：汉代儒者说九族有二。一是九代的直系亲属，包括高祖、曾祖、祖父、父亲、自己、

儿子、孙子、曾孙、玄孙。二是父族四（指出嫁的姑母及其儿子、出嫁的姐妹及外甥、出嫁的女儿及外孙）、母族三（指外祖父、外祖母、姨母及其儿子）、妻族二（指岳父、岳母），此为九族。

译文

德行天天进步，世界各国都会受到感化而远来归顺；心志骄傲自大，连身边最亲近的家人也会离散。

126. 故《易》曰："有一道，大足以守天下，中足以守国家，小足以守其身，谦之谓也。"（卷四十三　说苑）

译文

《易经》上说："有一个道理，能按着去做，大能保住天下，中能保住国家，小能保全自身，这道理就是谦虚。"

127. 若升高，必自下；若陟遐[①]，必自迩[②]。言善政有渐，如登高升远，必用下近为始，然后致高远也。（卷二　尚书）

注释

①陟zhì遐：远行。遐，远。

②迩：近。

译文

如果要登高，一定要从低处开始；如果要行远，一定要从近处起步。因此无论做学问或处事，应从浅近处下手，然后循序渐进，慢慢深入，不可好高骛远。

128. 江海所以能为百谷王，以其善下之。
（卷三十四　老子）

译文

江海所以能成为山谷河川汇集的地方，是因为它善于处在低下的地位。由此可知，君子应虚怀若谷，谦冲自下，德行才能日益增长。

129. 君子常虚其心志，恭其容貌，不以逸群①之才加乎众人之上；视彼犹贤，自视犹不肖②也。故人愿告之而不厌，诲之而不倦。
（卷四十六　中论）

注释

①逸群：超群出众。
②不肖：谦辞。指不才，不贤。

译文

真正的君子，常葆谦虚心态，举止恭敬有礼，不以出众的才能而高于众人之上；他把别人都看作是贤能之士，而把自己看成是不贤之人。因此别人愿意告诫他而不觉得厌烦，教诲他而不觉得疲倦。

130. 汝惟弗矜[①]，天下莫与汝争能。汝惟弗伐[②]，天下莫与汝争功。自贤曰矜。自功曰伐。言禹推善让人，而不失其能；不有其劳，而不失其功；所以能绝众人也。（卷二　尚书）

注释

①矜：自夸；自负。

②伐：自我夸耀。

译文

你能不自以为贤能，天下才没有人和你争贤能。你能不自我夸耀，天下才没有人和你争功劳。换句话说，国君能时时保持谦恭谨慎的态度，天下才能永保稳固，不被推翻。

131. 夫人有善鲜[①]不自伐，有能者寡不自矜。伐则掩人[②]，矜则陵人[③]。掩人者人亦掩之，陵人者人亦陵之。（卷二十六　魏志下）

注释

①鲜xiǎn：少。

②掩人：掩盖别人的优点。

③陵人：以势压人、欺侮人。

译文

人有善行，很少有不自夸的；有能力，也很少有不自傲的。自夸就会掩盖别人的优点，自傲就会凌驾于别人之上。掩盖别人的人，别人也会掩盖他；凌驾别人的人，别人同样也会凌驾于他之上。

132. 子曰："如有周公之才之美，使骄且吝，其余不足观也已。"（卷九　论语）

译文

孔子说："如果一个人有周公那样的才华和办事能力，但是骄傲而且吝啬，不肯分享，其余虽有小善，也就不值得一观了。"

133. "亢龙有悔[①]"，何谓也？子曰："贵而无位，高而无民，下无阴也。贤人在下位而无辅，贤人虽在下而当位，不为之助。是以动而有悔也。"……"亢"之为言也，知进而不知退，知存而不知亡，知得而不知丧。其唯圣人乎！知进退存亡，而不失其正者，其唯圣人乎！（卷一　周易）

注释

①亢龙有悔：亢是至高，龙为君位。处于极尊之位，应当以亢满为戒，否则会有败亡之祸。

译文

"处于极尊之位，应当以高傲为戒，否则会有败亡悔恨之祸。"为何这么说呢？夫子说："地位极其显贵，没有比这再高的位置；身份极其崇高，没有人能亲善接近。贤人都处在下位，而无法在旁辅佐协助，因此一举一动不谨慎就会引祸上身。”……“亢”字的意义，只知进取却不知退守，只知存在却不知会衰亡，只知获得却不知会丧失。这只有圣人的智慧，能知道如何进、退、存、亡，而不失正道，只有圣人才能如此吧！

八　谨慎

134. 惟圣罔念[①]作狂[②]，惟狂克念[③]作圣。惟圣人无念于善，则为狂人。惟狂人能念善，则为圣人。言桀纣非实狂愚，以不念善故灭亡也。（卷二　尚书）

注释

①罔念：失掉觉察。

②狂：狂妄愚昧之人。

③克念：克服妄念。

译文

人人都有圣明的本性，一旦妄念生起，且相续不断，则被烦恼缠缚，就会变成凡夫；凡夫克制妄念，保持正念，就会变成圣人。由此可知，“圣”与“狂”之分，只在罔念与克念之间。

135. 传曰：“从善如登，从恶如崩。”（卷二十七　吴志上）

译文

《国语》上讲：“为善如登山那样艰难，必须时时克服自己的习气；为恶如山崩那样迅速坠落，一失足成千古恨。”

136.《曲礼》曰：毋不敬，礼主于敬。俨[①]若思，言人坐思，貌必俨然。安定辞，审言语也。安民哉！此三句可以安民也。（卷七　礼记）

注释

①俨：恭敬庄重之貌。

译文

《曲礼》说：对一切人、事、物没有不恭敬的，举止端庄稳重，像若有所思的样子，谈吐安详稳定，条理分明，这样才能安定人民啊！

137. 位已高而意益下，官益大而心益小，禄已厚而慎不敢取。（卷四十三　说苑）

译文

地位愈高而态度愈要谦恭，官职愈大而内心更要谨慎，俸禄愈优厚而愈不敢妄取贪求。

138. 生而贵者骄，生而富者奢。故富贵不以明道自鉴，而能无为非者寡矣。（卷三十五　文子）

译文

生来就显贵的人，容易骄纵；生来就富足的人，容易奢侈。所以富贵之人，如果不以明白做人道理来自我反省观照，而能够不做错事的就很少了。

139. 九三："君子终日乾乾[①]，夕惕若[②]，厉[③]，无咎[④]。"何谓也？子曰："君子进德修业。忠信，所以进德也；修辞立其诚，所以居业也。是故居上位而不骄，在下位而不忧。居下体之上，在上体之下。明夫终敝，故不骄也；知夫至至，故不忧也。故乾乾因其时而惕，虽危无咎矣。"惕，怵惕之谓也。
（卷一　周易）

注释

①乾乾：自强不息貌。
②惕若：警惕戒惧。若，语助词，无义。
③厉：危险。
④咎：含有咎害、灾病、罪过等义。

译文

乾卦九三爻辞说："君子整天勤奋不懈、自强不息，直到夜晚也警惕戒惧，这样才能处于险境而避免祸害。"怎么说呢？夫子说："这讲的是君子要增进道德、建立功业。做到忠诚信实，由此可以增进道德；对人民大兴文教，自己以身作则，言行一致，保持真诚，由此可以积蓄功业。所以处在上位而不骄傲，处在下位而不忧虑。能够整天勤奋不懈，随时警惕戒惧，虽处险境也能避免祸害。"

140. 道也者，不可须臾离也，可离非道也。道，犹道路也。出入动作由之，须臾离之，恶乎从。是故君子戒慎乎其所不睹，恐惧乎其所不闻。莫见乎隐，莫显乎微，故君子慎其独也。慎其独者，慎其闲居之所为也。小人于隐者，动作言语，自以为不见睹不见闻，则必肆尽其情。若有觇[①]听之者，是为显见，甚于众人之中为之也。（卷七 礼记）

注释

①觇：音chān。

译文

心是不可片刻偏离正道的，可以离开的就不是正道了。因此君子在人看不到的地方也常警戒谨慎，在人听不到的地方也常惶恐畏惧。要知道，最隐蔽且看不见的地方也是最容易发现的，最微细且看不见的事物也是最容易显露的，因为念头容易放逸，所以君子特别谨慎于一个人独处的时候。

141. 行有四仪[①]：一曰，志动不忘仁；二曰，智用不忘义；三曰，力事不忘忠；四曰，口言不忘信。慎守四仪，以终其身，名功之从之也，犹形之有影，声之有响[②]也。（卷三十六 尸子）

注释

①仪：法则，标准，准则。

②响：回声。

译文

言行有四个准则：一是遵循志向的过程中，不忘仁爱；二是运用智能时，不忘道义；三是恪尽职守时，不忘忠诚；四是开口说话时，不忘信实。能谨慎遵守这四个准则，终生不忘，名誉和功业自然会随之而来，就像身形有影子相随，声音发出会有回响一样。

142. 君子口无戏谑[①]之言，言必有防；身无戏谑之行，行必有捡[②]。言必有防，行必有捡，虽妻妾不可得而黩[③]也，虽朋友不可得而狎也。是以不愠怒[④]，而教行于闺门；不谏谕，而风声化乎乡党。传称“大人正己而物正”者，盖[⑤]此之谓也。（卷四十六　中论）

注释

①戏谑xuè：开玩笑。

②捡：约束。

③黩dú：轻慢，不恭敬。

④愠yùn怒：恼怒，生气。

⑤盖：大概。

译文

君子开口不说玩笑的言语，说话必定防范约束；自身没有玩笑的行为，行为必定检点谨慎。说话防范，行为谨慎，即使是妻妾也不敢因亲近而无礼，即使是朋友也不敢因熟悉而轻慢。所以，君子不用严厉训斥，而身教就能影响整个家族；不用规劝告诫，而良好的风气就能教化整个乡里。《孟子》中称赞，“圣人端正己身，而身边的万事万物也会随着端正”，大概就是这个意思吧。

143. 戒之哉！无多言，多言多败；无多事，多事多患。安乐必诫，虽处安乐，必警诫也。无行所悔。所悔之事，不可复行。（卷十　孔子家语）

译文

要引以为戒啊！不可多话，多话容易因为轻慢心而说错话，最后招来祸害；不可多事，多事容易因为内心浮躁而做错事，最后引来祸患。处于安乐时要提高警戒，不做会让自己后悔的事。

144. 子曰：“乱之所生也，则言语为之阶①。君不密则失臣，臣不密则失身，机事不密则害成。是以君子慎密而不出也。”（卷一　周易）

注释

①阶：途径；缘由；凭借。

译文

孔子说：“祸乱之所以发生，是以言语作为途径。君主出言不慎就会失去臣子，臣子出言不慎就会惹祸上身，机密大事不慎泄漏就会造成危害。所以君子谨慎守密而不随意出言。”

145. 夫轻诺必寡信，不重言也。多易必多难。不慎患也。是以圣人犹难之，圣人动作举事，犹进退重难之，欲塞其源也。故终无难。圣人终身无患难之事，由避害深也。（卷三十四　老子）

译文

随便地许诺，必定很少讲求信用；把事情看得太容易，必将遭遇很多困难。都是不谨慎导致的隐患。因此圣人处事还要抱着事皆艰难之心，所以终究没有患难之事。

146. 孔子曰："益者三乐，损者三乐。乐节礼乐，动则得礼乐之节。乐道人之善，乐多贤友，益矣。乐骄乐，恃尊贵以自恣。乐佚游[①]，佚游，出入不节。乐宴乐，损矣。"宴乐，沉荒淫黩也。三者，自损之道。（卷九　论语）

注释

①佚游：放纵游荡而没有节制。

译文

孔子说："对人有益的喜好有三种，对人有害的喜好有三种。喜好以礼乐来节制举止，喜好赞扬别人的善行进而引导大家见贤思齐，喜好多结交贤德益友，这都可以使人受益；喜好以尊贵、才能骄人，喜好散漫游荡，喜好沉迷宴会饮酒、寻欢享乐，这都会使身心受到损害。"

147. 君子以俭德避难，不可荣以禄。（卷一　周易）

译文

君子遭遇困顿险厄时，应以节俭为德来避免灾难，不要以追求利禄为荣。

九　交友

148. 故君子之接如水，小人之接如醴[①]；君子淡以成，小人甘以坏。水相得合而已，酒醴相得则败。淡，无酸酢少味也。（卷七　礼记）

注释

①醴lǐ：甜酒。

译文

君子之间的交往淡如清水，小人之间的交情蜜如甜酒；君子之交虽平淡却能互相成就，小人之交虽亲密却易互相败坏。因此，君子应审慎择友以成就德行，提升道业。

149. 故曰：与善人居，如入芝兰之室[①]，久而不闻其香，即与之化矣；与不善人居，如入鲍鱼之肆[②]，久而不闻其臭，亦与之化矣。是以君子必慎其所与者焉。（卷十　孔子家语）

注释

①芝兰之室：放有芝、兰等香草的房间。

②鲍鱼之肆：卖腌鱼的店铺。

译文

所以说：与善人相处，就像进入有香草的屋子里，时间一长就闻不到香气，这表示自己已经融入其中，与香气同化了；而与不善之人相处，就像进入咸鱼铺子里，时间一长就闻不到臭味，也是与臭味同化了。因此君子一定要谨慎地选择朋友与环境。

150. 孔子曰：“益者三友，损者三友。友直，友谅[①]，友多闻，益矣。友便辟[②]，便辟，巧避人所忌，以求容媚。友善柔[③]，面柔者也。友便佞[④]，便，辩也。谓佞而辩。损矣。”（卷九　论语）

注释

①谅：宽恕；体谅。

②便辟pì：善于迎合他人。

③善柔：善以和悦或柔顺的姿态奉承人。

④便佞：巧言善辩，阿谀逢迎。

译文

孔子说：“有益的朋友有三种，有害的朋友也有三种。跟正直无私的人交友，跟宽恕的人交友，跟见闻广博的人交友，交这三种朋友对我们的德行都有益处。若跟谄媚逢迎的人交友，跟伪善奉承的人交友，跟巧言善辩的人交友，交这三种朋友都会损害德行。”

十　学问

151. 学不倦，所以治己也；教不厌，所以治人也。（卷三十六　尸子）

译文

勤学不厌倦，这样才能矫治自身习气，提升自身修养；教学不厌倦，这样才能教育、感化别人。

152. 君子学以聚之，问以辨之，以君德而处下体，资纳于物者也。宽以居之，仁以行之。（卷一　周易）

译文

君子勤奋学习以积累学问道德，有疑难则虚心请教来明辨真谛，用宽恕厚道的存心来待人接物，用仁慈博爱的精神广行于天下。

153. 工欲善其事，必先利其器；士欲宣其义，必先读其书。《易》曰："君子以多志[①]前言往行，以畜[②]其德。"（卷四十四　潜夫论）

注释

①志：记住；记载。

②畜：培养。

译文

工匠要想做好工作，必须先使工具精良；士人要想弘扬仁义道德，一定要先深入圣贤典籍。《易经》说："君子应多多记取且用心领悟前人的嘉言善行，来积累、培养自己的德行。"

154. 曾子曰："君子攻其恶，求其过，强①其所不能，去私欲，从事②于义，可谓学矣。"（卷三十五　曾子）

注释

①强qiǎng：勉力。

②从事：参与做（某种事情）；致力于（某种事情）。

译文

曾子说："君子尽力改正自己的缺点、习气，检查、反省自己的过错，尽力突破自己所不能做的，去除私欲，符合道义的事，当下去做，这样可以称得上是真实学问了。"

155. 子曰："吾尝终日不食，终夜不寝，以思，无益，不如学也。"（卷九　论语）

译文

孔子说："我曾经整天不吃饭，通宵不睡觉，去冥思苦想，但毫无获益，不如学习圣贤的经典。"

156. 见善，必以自存也；见不善，必以自省也。故非[①]我而当者，吾师也；是[②]我而当者，吾友也；谄谀我者，吾贼也。（卷三十八　孙卿子）

注释

①非：反对；责备。

②是：赞成；肯定。

译文

看到善行，必定一丝不苟地自我对照，并加以学习效法；看到不善，必定戒慎恐惧地反省检点，并拿来警惕借鉴。所以批评指正我而又很恰当的人，就是我的老师；肯定、赞同我而又很得当的人，就是我的益友；谄谀奉承我的人，就是祸害我的人。

十一 有恒

157. 合抱之木，生于毫末；从小成大也。九层之台，起于累土；从卑至高。千里之行，始于足下。从近至远。（卷三十四 老子）

译文

两手围抱的粗壮大树，是由细小幼苗长成的；九层高的楼台，是由泥土堆积筑成的；千里远的路程，是从迈开脚下的第一步开始的。

158. 故不积跬步[1]，无以至千里；不积小流，无以成河海。（卷三十八 孙卿子）

注释

①跬kuǐ步：半步。古时称人行走，举足一次为跬，举足两次为步。

译文

不积累半步前进，无法远行千里；不汇聚滴水细流，无法成为浩瀚江海。由此可见，任何事情都是由小渐大累积而成，没有一步登天的道理。

159. 九三：不恒其德，或[1]承之羞。德行无恒，

自相违错，不可致诘，故或承之羞也。不恒其德，无所容也。（卷一　周易）

注释

①或：或许，也许。表示不肯定。

译文

恒卦第三爻象征：不能永恒地保持美德，或许将蒙受羞辱。不能永恒地保持美德，必然丧失操行，无法立足、容身于社会。

肆

为政

一 务本

160. 孔子曰："凡为天下国家者，有九经[①]焉，曰：修身也，尊贤也，亲亲也，敬大臣也，体群臣也，子庶人也，来百工也，柔远人也，怀诸侯也。修身则道立，尊贤则不惑，亲亲则诸父昆弟不怨，敬大臣则不眩[②]，体群臣则士之报礼重，子庶民则百姓劝，来百工则财用足，柔远人则四方归之，怀诸侯则天下畏之。"

公曰："为之奈何？"孔子曰："齐庄盛服，非礼不动，所以修身也；去谗远色，贱货而贵德，所以尊贤也；爵其能，重其禄，同其好恶，所以笃[③]亲亲也；官盛任使，所以敬大臣也；盛其官，任而使之也。忠信重禄，所以劝士也；忠信者，与之重禄也。时使薄敛，所以子百姓也；日省月考，既禀[④]称事[⑤]，所以来百工也；既禀食之，各当其职事也。送往迎来，嘉善[⑥]而矜[⑦]不能，所以绥[⑧]远人也；绥，安也。继绝世，举废邦，朝聘[⑨]以时，厚往而薄来，所以怀诸侯也。治天下国家有九经焉，其所以行之者一也。"

（卷十 孔子家语）

注释

①九经：治国平天下的九项准则。

②眩：迷惑；迷乱。

③笃：加厚；增厚。

④既禀lǐn：即“饩xì廪”，古代官府发给的米粟之类的粮食。既，通“饩”。生的粮食。禀，通“廪”。米粟之类的粮食。

⑤称事：与事功相称。

⑥嘉善：褒奖善人。

⑦矜：怜悯。

⑧绥：安；安抚。

⑨朝聘：古代诸侯亲自或派使臣按期朝见天子。《礼记》：“诸侯之于天子也，比年一小聘，三年一大聘，五年一朝。”

译文

孔子说：“治理天下国家，有九条重要纲领：修正己身，尊重贤人，亲爱家族，礼敬大臣，体恤众臣，爱民如子，招徕各行工匠，抚慰远方人民，安定各地诸侯。修正己身，则可树立品德，不为外在名利所动摇；尊重贤人，如此小人自然远离，君王就不受奸臣迷惑而做出错误决策；亲爱家族，则叔伯、兄弟之间受到恩泽，自然不会有怨言嫌隙；礼敬大臣，如此和合共识、以礼相待，朝政就不会迷乱颠倒；体恤众臣，则众臣必深怀感恩而尽心报效；爱民如子，则百姓受到鼓舞而互相劝善；招徕各行工匠，国家才会富裕充足；抚慰远方民族，则四方人民受到恩惠，自然会归顺依附；安定各地诸侯，则天下人民敬畏诚服。”

哀公问：“该如何做到呢？”孔子说：“内心严肃诚敬，外表整齐端庄，不合礼义的事绝对不干，这是修正己身之法；摒弃谗言、远离女色，轻财物而重道德，这是尊重贤人之法；根据才能授以爵位，增加俸禄，理解对方的好恶，这是增进家族和睦之法；授予高官、委以重任，这是礼敬大臣之法；忠诚信实者，给予优厚俸禄，这是劝进贤士之法；农闲时节才役使人力，并减收赋税，这是爱民如子之法；经常考核工作，并依考绩发给酬劳，这是招徕各行工匠之法；款待来往的各方族群，奖励善行而怜悯弱势，这是抚慰边远人民之法；延续断绝的世系，振兴衰废的国家，平时维持外交礼节，进贡虽薄而答礼丰厚，这是安抚诸侯之法。总之，治理天下国家有九条重要的纲领，而实行的关键就是真诚。”

161. 民惟邦本，本固邦宁。言人君当固民以安国也。（卷二　尚书）

译文

人民是国家的根本，唯有根本稳固，国家才会安宁。

162. 文武之政，布[①]在方策[②]。其人存，则其政举；其人亡，则其政息。故为政在于得人。取人以身，修身以道，修道以仁。（卷十　孔子家语）

注释

①布：陈；陈列。

②方策：简册，典籍。亦作“方册”。方，古代书写文字用的木版。策，古代用以记事的竹、

木片，编在一起的叫“策”。

译文

周文王和周武王的施政道理及方法，都记载于典籍上。如果有像文武圣王那样的人存在，那么仁政便能实行；如果圣王消失了，那么仁政便会跟着止息。所以施政的关键在于获得圣贤人才，要想得到人才，必须以修养己身来感召，修养己身必在于遵循道德伦理，遵循道德伦理的下手处，在于以仁爱存心。

163. 昔者成王，幼在襁褓[1]之中，召[2]公为大[3]保，周公为太傅，太公为太师。保保其身体；傅傅之德义；师导之教训：此三公职也。于是为置三少，少保少傅少师，是与太子宴者也。故乃孩提有识，三公三少，明孝仁礼义，以导习之，逐去邪人，不使见恶行。于是皆选天下之端士，孝悌博闻有道术者，以卫翼[4]之，使与太子居处出入。故太子乃生而见正事，闻正言，行正道，左右前后皆正人。……孔子曰："少成若天性，习贯[5]如自然。"（卷十六　汉书四）

注释

①襁褓qiǎngbǎo：背负婴儿用的宽布带和包裹婴儿的被子。

②召：音shào。

③大tài：通“太”。

④卫翼：犹辅佐。

⑤贯：亦作“惯”。

译文

从前周成王年幼在襁褓中，便请来召公做太保，周公做太傅，太公做太师。保，是保护太子的身体；傅，是以道德仁义来教导他；师，是以圣贤教诲来启发他，这就是三公的职责。于是又设立“三少”，少保、少傅、少师，这是与太子生活在一起的人。所以当太子幼年懂事时，三公、三少就讲明孝、仁、礼、义的道理，引导他落实，并驱逐奸邪之人，不让太子见到不好的行为。因此选出天下品行端正的君子，以及孝顺友悌、见闻广博、有学问道德的人，保护、辅助他，让他们陪伴太子朝夕相处、同出同入。所以当太子生下来，所见的都是正事，所听的都是正言，所行的都是正道，在他左右前后都是正人君子。……孔子说：“从小养成的品德就像天性一样，自然而然会变成习惯。”

164. 国无贤佐俊士，而能以成功立名、安危继绝[①]者，未尝有也。故国不务大，而务得民心；佐不务多，而务得贤俊。得民心者民往之，有贤佐者士归之。（卷四十三　说苑）

注释

①继绝：继绝世的略语。指恢复已灭绝的宗祀，承续已断绝的后代。

译文

国家没有贤能的大臣辅佐和优秀的人才协助，而能成就功业、平定危乱且延续已灭绝的国家，是从来没有的事。所以国家不必求大，而在求得民心；辅佐的大臣不必求多，而在求得贤良俊才。得民心的人，人民自然会拥护他；有贤臣辅佐的人，志士仁人自然来归附他。

165. 公问曰："敢问人道谁为大？"孔子对曰："夫人道政为大。夫政者正也。君为正，则百姓从而正矣。"……公曰："敢问为政如之何？"孔子对曰："夫妇别，父子亲，君臣信。三者正，则庶物[1]从之矣。"（卷十　孔子家语）

注释

①庶物：众物，万物。指各种事物。

译文

哀公问孔子说："请问人道之中什么最重要？"孔子回答说："人道之中，政治最重要。政的意思就是端正。君主自己先端正了，百姓也就跟着端正。"……哀公问道："请问如何处理政事？"孔子回答说："夫妇职责有所区别，父子之间互相亲爱，君臣上下互相信任。这三个人伦关系端正了，则万事万物的关系也会跟着理顺。"

166. 天地为大矣，不诚则不能化万物；圣人为智矣，不诚则不能化万民；父子为亲矣，不诚则疏；君上为尊矣，不诚则卑。夫诚者，君子之守，而政事之本也。（卷三十八　孙卿子）

译文

天地可以说是最博大了，但不真诚就不能化育万物；圣人可以说是最睿智了，但不真诚就不能教化万民；父子可以说是最亲近了，但不真诚就会疏远；君王可以说是最尊贵了，但不真诚就不会被人尊重。因此，真诚乃君子遵循的品德操守，更是治理国家的根本。

167. 子路曰："卫君[①]待子而为政，子将奚先？"问往将何所先行之也。子曰："必也，正名乎！正百事之名也。名不正，则言不顺；言不顺，则事不成；事不成，则礼乐不兴；礼乐不兴，则刑罚不中[②]；礼以安上，乐以移风，二者不行，则有淫刑滥罚矣。刑罚不中，则民无所措手足。"（卷九　论语）

注释

①卫君：指卫灵公的孙子出公辄。因其父蒯聩谋害灵公正妻南子事败而出奔，后承袭祖父卫灵公担任该国君主。

②中zhòng：适当，恰当。

译文

子路问孔子："如果卫国的君主打算请您去辅助他治国，不知您将以何事为先？"孔子说："那一定是先正名，使名分与事实（身份等）相符。如果名不正，则言语不能顺理成章；言不顺，办事就不易成功；办事不成功，礼乐的教化就不能兴起；礼乐不兴起，刑罚就会用之不当；刑罚不当，人民就会感觉手足无措，天下就乱了。”

168.《彖》曰：家人，女正位乎内，男正位乎外[①]，天地之大义也。家人有严君焉，父母之谓也。父父、子子、兄兄、弟弟、夫夫、妇妇，而家道正，正家而天下定矣。（卷一　周易）

注释

①女正位乎内，男正位乎外：女，指六二；男，指九五。这是以二、五两爻得正于内外卦之象，说明女主家内事，男主家外事，以此来释卦名。

译文

《彖传》上说：“家人卦”，象征女子守着正道，居于家内，相夫教子；男子守着正道，处理外务，承担经济重担；男女各自安守正道，这是天地间的义理。家庭中有严明的君长，这就是指父母亲。父亲善尽父道，儿子善尽孝道，兄长善尽为兄之道，弟弟也善尽为弟之道，丈夫善尽夫道，妻子善尽妇道，这样一来，家道就能端正，所有家庭都能端正家道，那么天下就安定了。

169. 夫富民者，以农桑为本，以游业[①]为末；百工者，以致用为本，以巧饰为末；商贾者，以通货为本，以鬻奇[②]为末。三者守本离末，则民富；离本守末，则民贫；贫则阨[③]而忘善，富则乐而可教。教训者，以道义为本，以巧辨为末；辞语者，以信顺[④]为本，以诡丽[⑤]为末；列士[⑥]者，以孝悌为本，以交游[⑦]为末；孝悌以致养[⑧]为本，以华观为末；人臣者，以忠正为本，以媚爱[⑨]为末。五者守本离末，则仁义兴；离本守末，则道德崩[⑩]。
（卷四十四　潜夫论）

注释

①游业：流动的职业。如行商等。
②鬻yù奇：出售稀见货物。
③阨è：困厄；困窘。
④信顺：真实而通达。
⑤诡丽：奇异华丽。
⑥列士：古时上士、中士和下士的统称。
⑦交游：交际，结交朋友。
⑧致养：奉养亲老。
⑨媚爱：取悦，取宠。
⑩崩：败坏。

译文

要使百姓富裕，以农事生产为本，以流动的职业为末；各种工艺，以实用为本，以雕琢装饰为末；买卖经商，以流通货物为本，以出售珍奇货物来谋利为末。

这三者若能守住根本、远离枝末，百姓就会富裕；如果远离根本而守住枝末，百姓就会贫穷；百姓贫穷就会陷入困境而无心行善，百姓富裕就会安乐而容易教化。教育训导，以道德仁义为本，以巧言善辩为末；言论话语，以诚信顺理为本，以奇异华丽为末；知识分子，以孝顺父母、友爱兄弟为本，以交友应酬为末；落实孝悌，以尽心奉养为本，以图表面、讲排场为末；身为部属，以忠诚正直为本，以谄媚讨好为末。这五者让人们守住根本、远离枝末，仁义的风气就会兴盛；假如远离根本而守住枝末，道德就会败坏。

170. 夫仁义礼制者，治之本也；法令刑罚者，治之末也。无本者不立，无末者不成。夫礼教之治，先之以仁义，示之以敬让[①]，使民迁善[②]日用[③]而不知也。（卷五十　袁子正书）

注释

①敬让：恭敬谦让。

②迁善：去恶为善，改过向善。

③日用：每天应用；日常应用。

译文

仁义礼制，是治理国家的根本；法令刑罚，是治理国家的枝叶。没有根本就不能长久建立，没有枝叶就不能稳定建设。以礼义教化治国，首先要实行仁义，带头做到恭敬谦让，使人民在日常生活中不知不觉就迁善改过。

171. 孔子曰："行己有六本焉，然后为君子。立身有义矣，而孝为本；丧纪[①]有礼矣，而哀为本；战阵[②]有列矣，而勇为本；治政有理矣，而农为本；居国有道矣，而嗣[③]为本；继嗣不立，则乱之源也。生财有时矣，而力为本。置本不固，无务丰末；亲戚不悦，无务外交；事不终始，无务多业。反本修迹[④]，君子之道也。"（卷十　孔子家语）

注释

①丧纪：丧事。

②战阵：交战对阵。

③嗣：君位或职位的继承人。

④反本修迹：依据四部丛刊《孔子家语》，为"反本修迩"。回到事物的根本，从近处做起。

译文

孔子说："立身处世要先遵循六个根本准则，然后才能成为君子。立身合乎仁义，而孝是立身的根本；丧事要有礼节，而哀痛是丧事的根本；作战布阵有行列，而勇是战阵的根本；治理政务需有条理，而农业是政治的根本；安定国家有方法，而慎选继承人是安国的根本；创造财富有一定的时机，而付出劳力是致富的根本。根本不能巩固，就不要追求枝末小事的完美；亲戚之间都不能团结和睦，就不要致力于跟外人交往；做事情有始无终，就不要去从事多种事业。因此，回归根本从近处做起，这是君子应该采取的原则和方法。”所以假如本末倒置，不只徒劳无功，还会产生严重的流弊问题。

172. 诸葛亮之为相国[①]也，抚百姓，示义轨，约[②]官职，从权制[③]，开诚心，布公道。尽忠益时者，虽雠[④]必赏；犯法怠慢者，虽亲必罚；服罪输情者，虽重必释；游辞巧饰者，虽轻必戮。善无微而不赏，恶无纤而不贬。庶事精练，物理其本，循名责实[⑤]，虚伪不齿[⑥]。终于邦域之内，咸畏而爱之。刑政虽峻，而无怨者，以其用心平，而劝戒明也。可谓识治之良才，管萧之亚匹[⑦]矣。（卷二十七　蜀志）

注释

①相国：古官名。后为宰相的尊称。

②约：少，省减。

③权制：权宜之制，临时制定的措施。

④雠：仇敌。

⑤循名责实：依照其名来责求其实，要求名实相符。

⑥不齿：不与同列；不收录。

⑦亚匹：同一流人物。

译文

诸葛亮担任宰相时，安抚百姓，明示礼义规范，精简官职，采用权宜的法制，以真诚待人，处事大公无私。对于尽忠、有益国家的，即使是仇人也必定奖赏；触犯法令、怠忽职守的，即使是亲信也必定惩罚；认罪悔改的，即使罪行严重也必定从宽开释；巧言掩过的，即使罪行轻微也必定从严判刑。就算善行再微小也要赞赏，恶行再微细也要指责。精通熟习各项政事，能从根本上解决问题，并依照职位来要求实效，不允许弄虚作假。最终在蜀国境内，人人都敬畏和爱戴他。刑罚政令虽然严厉，人民却毫无怨言，正是因为他处事公平，而且勉励、禁戒都非常明确。他真可以说是懂得治理国家的优秀人才，能与管仲、萧何相媲美了。

173. 子曰：“夫孝，德之本也，人之行莫大于孝，故曰德之本也。教之所由生也。”教人亲爱莫善于孝，故言教之所由生。（卷九　孝经）

译文

孔子说：“孝道，是德行的根本，一切教化都是在孝道的基础上产生出来的。”

174. 君子务[①]本，本立而道生。孝悌也者，其仁之本与[②]！先能事父兄，然后仁可成。（卷九　论语）

注释

①务：从事；致力。

②与：通“欤”。句末语助词。

译文

君子为人必专心致力于根本，根本建立了，道德就会随之产生。孝顺父母、友爱兄弟，就是仁的根本啊！

175. 子曰："君子之事亲孝，故忠可移于君；欲求忠臣，出孝子之门，故可移于君。事兄悌，故顺可移于长；居家理[①]，以敬事兄则顺，故可移于长也。故治可移于官。君子所居则化，所在则治，故可移于官也。是以行[②]成于内，而名立[③]于后世矣。"（卷九　孝经）

注释

①居家理：指处理家事有条有理，家务管理得好。理，正、治理。

②行：指孝、悌和善于理家三种优良的品行。

③立：建立；树立。

译文

孔子说："君子奉事父母能尽孝道，因此能把这种孝敬心转移去效忠君主；奉事兄长能尽悌道，因此能将这种恭敬心推移去顺从长官；家居生活治理得当，因此能把治家的经验移于处理政务。所以，在家中养成了孝、悌和善于理家的品行，在外才能建功立业，美好的名声自然会显扬于后世。"

176. 孔子曰："事亲孝，故忠可移于君。"是以求忠臣，必于孝子之门。（卷二十二　后汉书二）

译文

孔子说："奉事父母做到孝顺恭敬，因此能把这种孝敬心转移去效忠君主。"所以寻找忠臣，一定要从有孝子的家庭中选拔。

177. 夫知为人子者，然后可以为人父；知为人臣者，然后可以为人君；知事人者，然后可以使人。（卷十　孔子家语）

译文

懂得如何做一个好儿子，然后才知道如何做一个好父亲；懂得如何做一个好臣下，然后才知道如何做一个好君主；唯有懂得如何奉事人，然后才懂得如何任用人。

178. 曾子曰："慎终追远[1]，民德归厚。"慎终者，丧尽其哀。追远者，祭尽其敬。人君行此二者，民化其德，皆归于厚也。（卷九　论语）

注释

①慎终追远：办理父母丧事，要依礼尽哀；祭祀祖先，要恭敬虔诚。终，指父母丧事。远，指祖先。

译文

曾子说："对于父母过世的丧葬能谨慎守礼、竭尽哀思，对于已故的父母及祖先，都能依礼依时恭敬虔诚地追思怀念，不忘根本，则风俗民情必然趋向淳厚善良。"

179. 水泉深，则鱼鳖归[1]之；树木盛，则飞鸟归之；庶[2]草茂，则禽兽归之；人主贤，则豪杰归之。故圣王不务归之者，而务其所归。务人使归之，末也；

务其所行可归，本也。（卷三十九　吕氏春秋）

注释

①归：趋，归附。

②庶：众多。

译文

泉水很深，鱼鳖就会聚集生存；树木茂盛，飞鸟就会群集筑巢；草丛茂密，禽兽就会依附栖息；君主贤明仁德，各方的豪杰自然会归顺效忠。所以，圣明的君主不求各方都来归附，而是尽力创造使人们归附的条件。

180. 夫为政者，莫善于清[①]其吏也。（卷四十七　刘廙政论）

注释

①清：清廉；清白。这里是使官吏清廉。

译文

治理政事，没有比使官吏清廉更好的了。

181. 子贡问政。子曰："足食，足兵，民信之矣。"子贡曰："必[①]不得已而去，于斯三者何先？"曰："去兵。"曰："必不得已而去，于斯二者何先？"曰："去食。自古皆有死，民不信不立。"死者，古今常道，人皆有之，治邦不可失信。（卷九　论语）

注释

①必：倘若，如果。

译文

子贡问如何治理政事。孔子说："备足粮食，充实军备，取信于民。"子贡说："如果迫不得已要去掉一项，在这三项中先去掉哪一项？"孔子说："去掉军备。"子贡说："如果迫不得已再去掉一项，在剩下的两项中先去掉哪一项？"孔子说："去掉粮食。自古以来人都免不了死亡，假使人民不信任政府，国家的威信就建立不起来了。"由此可知，只要人民信赖政府，虽无充足的粮食，仍然可与国家共患难。一旦除去了信用，纵无外患，也有内乱，国家就不能安稳了。

182. 我有三宝[①]，持而保之。老子言我有三宝，抱持而保倚之。一曰慈，爱百姓若赤子。二曰俭，赋敛若取之于己。三曰不敢为天下先。执谦退，不为唱[②]始也。（卷三十四　老子）

注释

①三宝：三种宝贵之物。

②唱：倡导；发起。后作"倡"。

译文

老子说：我有三种法宝，要保持而且要永远守住。一是仁慈，二是节俭，三是不敢居于天下人的前面。

二　知人

183. 凡论人，通则观其所礼，通，达。贵则观其所进，富则观其所养，听则观其所行，养则养贤也，行则行仁也。近则观其所好，习则观其所言，好则好义也，言则言道也。穷则观其所不受，贱则观其所不为。喜之以验其守，守，情守也。乐之以验其僻，僻，邪。怒之以验其节，节，性。惧之以验其特，特，独也，虽独不恐也。哀之以验其仁，仁人见可哀者，则不忍之也。苦之以验其志。八观六验，此贤主之所以论人也。论人必以六戚四隐。六戚，六亲也。四隐，相匿扬长蔽短也。何谓六戚？父母兄弟妻子。何谓四隐？交友故旧邑里[①]门廊[②]。内则用六戚四隐，外则以八观六验，人之情[③]伪，贪鄙羡美（羡美作美恶），无所失矣，言尽知之。此先圣王之所以知人也。（卷三十九　吕氏春秋）

注释

①邑里：乡里的人民；同乡。

②门廊：左右亲近的人。

③情：诚；真实。

译文

大凡衡量一个人，当他显达时，观察他所礼遇的是哪些人；当他荣贵时，观察他所提拔举荐的是什么样的人；当他富有时，观察他所供养款待的是哪些人；当他受到君主信任时，观察他言行是否一致；当他闲居在家时，观察他的嗜好是否正当合法；当他亲近君主时，观察他的言谈是否与正道相应；当他困苦时，观察他是否对非分之财有所不受；当他处于卑贱时，观察他是否对非义之事有所不为。使他喜悦，考验他能否保持操守；使他欢乐，检验他是否有邪念恶行；使他发怒，检验他能否节制心中怒气；使他恐惧，观察他如何独自应对而不害怕；使他哀伤，检验他是否心存仁慈；使他困苦，考验他意志是否坚强。以上八项观察、六项检验，是贤主用来衡量人才的方法。衡量和评定人才还必须依照“六戚四隐”。什么是六戚？就是父、母、兄、弟、妻和子。什么是四隐？就是朋友、熟人、乡邻和亲信。在内就用六戚四隐为标准，在外则用八观六验的方法，如此一来，为人真诚虚伪、贪婪粗鄙或善恶等品性，就能一览无遗了。这就是古圣先王辨识人才的方法。

184. 景公问求贤。晏子对曰：“通[①]则视其所举，穷[②]则视其所不为，富则视其所分，贫则视其所不取。夫上难进而易退也，其次易进而易退也，其下易进而难退也。以此数物[③]者取人，其可乎！”（卷三十三　晏子）

注释

①通：显达；亨通。

②穷：特指不得志，与“达”相对。

③数物：几件事。

译文

齐景公问求取贤才的方法。晏子回答说："当一个人仕途亨通时，要看他所推荐的人才如何；当困穷失意时，看他不愿做的事是什么；当富有时，看他分享财物的对象是谁；当贫穷时，看他是否不取不义之财。一个上等的贤士，不贪禄位而一心追求道义，所以难于出仕而容易引退；次等的是追求禄位亦不背弃道义，所以容易出仕也容易引退；下等的是背弃道义而追求禄位，他们急于出仕却难以引退。如果能用这样的标准去考核选拔人才，就能达到选贤举能的目的了！"

185. 居视其所亲，富视其所与，达视其所举，穷视其所不为，贫视其所不取，五者足以定之矣。（卷十一　史记上）

译文

平时看他所亲近的人，富裕时看他所交往或施与的人，显达时看他所推举的人，穷困时看他不愿做的事情，贫贱时看他是否不苟取。这五点足以确定宰相的人选。

186. 一曰，微察（无微察二字）问之以言，观其辞。二曰，穷之以辞，以观其变。三曰，与之间谍[①]，以观其诚。四曰，明白显问[②]，以观其德。五曰，使之以财，以观其贪（贪作廉）；六曰，试之以色，以观其贞[3]；七曰，告之以难，观其勇；八曰，醉之以酒，以观其态。八征皆备，则贤不肖别矣。（卷三十一　六韬）

注释

①间谍：秘密侦察、刺探。

②显问：谓明显之事而故意询问。

③贞：操守坚定不移，忠贞不二。

译文

鉴别人才有八种方法。一是向他提出问题，观察他言辞是否条理分明；二是追问到底，观察他的应变能力如何；三是暗中调查，观察他是否忠诚不二；四是明确直接地提问，看他的回答是否有隐瞒或夸张之处，借以观察他的品德如何；五是让他支配财物，观察他是否廉洁；六是用女色试探，观察他的节操如何；七是把危难的情形告诉他，观察他是否勇敢；八是让他喝醉酒，观察他的酒品如何。这八种检验的方法都用上了，一个人的贤明或不肖就能分辨出来了。

187. 故听言不如观事，观事不如观行。听言必审其本，观事必挍[1]其实，观行必考其迹。参三者而详之，近少失矣。（卷四十九　傅子）

注释

①挍jiào：通“校”。考核。

译文

听取言论不如观察事情，观察事情不如观察行为。听取言论必须审察其中的来源、动机，观察事情必须验证实际状况，观察行为必须考证事情的前因后果。把这三方面综合起来分析比较，就很少出错。

188. 昔人知居上取士之难，故虚心而下听；知在下相接[①]之易，故因[②]人以致人[③]。
（卷四十九　傅子）

注释

①相接：交接，相交。
②因：凭借；依托。
③致人：招致人才。

译文

过去的君主知道身处高位要选拔人才的困难，所以虚心听取下属的意见；君主知道身处下位的人与一般人来往容易，所以凭借他人来感召人才。

189. 任己则有不识之蔽，听受则有彼此之偏。所知者，以爱憎夺其平[①]；所不知者，以人事乱其度。（卷三十　晋书下）

注释

①平：平允，公正。

译文

听任自己的好恶，就有不能明察人才的弊病；听受外来的讯息，则容易造成彼此认知上的偏差。对认识的人，以自己印象的好坏，而不能客观公平地对待；对不认识的人，容易以人情关系扰乱了原有的制度。

190. 子曰：“君子易事而难悦也。不责备于一人，故易事也。悦之不以道，不悦也。及其使人也，器[①]之。度才而官之。小人难事而易悦也。悦之虽不以道，悦也。及其使人也，求备[②]焉。”（卷九　论语）

注释

①器：量材使用。

②求备：要求完备。

译文

孔子说：“为君子做事容易，但要使他高兴却很难。因为取悦君子而不合道理，君子是不会高兴的。至于君子用人，总能适才适任。为小人做事难，但使他高兴却很容易。因为取悦小人虽不合道理，他也会高兴。至于小人用人，总是要求完美无缺。”

191. 子曰：“鄙夫[①]可与事君也哉？言不可与事君。其未得之也，患得之。患得之者，患不能得之。既[②]得之，患失之。苟患失之，无所不至矣。”无所不至者，言邪媚无所不为。（卷九　论语）

注释

①鄙夫：庸俗浅陋的人。

②既：已经。

译文

孔子说："见识浅陋又没有学问道德的人，可以让他侍奉君主，替国家办事吗？当他还未得到官位利禄时，总是忧心得不到。一旦得到以后，又忧心会失掉。如果他忧心的是失掉官禄，完全不为百姓着想，那什么坏事都干得出来。"

三　任使

192. 哀公问曰："何为则民服[1]？"哀公，鲁君谥也。孔子对曰："举直[2]错诸枉[3]，则民服；错，置也。举正直之人用之，废置邪枉之人，则民服其上。举枉错诸直，则民不服。"（卷九　论语）

注释

①服：信服，佩服。

②直：指公平正直的人。

③枉：邪曲不正直。

译文

鲁哀公问孔子说："如何才能使百姓服从政府？"孔子回答说："举用正直的人，把他的职位安排在邪恶不正的人上面，或废除邪恶不正之人，百姓对政府有信心，自然会服从；若是举用邪恶不正的人，职位又放得比正直的人高，百姓心中就不会服从。"

193. 天下枢要[1]，在于尚书[2]，尚书之选，岂可不重？而间者多从郎官[3]，超升此位，虽晓习文法，长于应对，然察察小惠，类无大能。宜简尝历州宰素有名者，虽进退舒迟，时有不逮，然端心向公，奉职周密。（卷二十二　后汉书二）

注释

①枢要：指中央政权中机要的部门或官职。
②尚书：相当于现在的部长。
③郎官：相当于现在的副部长。

译文

天下最重要的职位在于尚书，尚书的选拔岂能不重视？然而现任尚书大多是从郎官提升上来的，尽管他们通晓文法，善于应对，但这只是小聪明，大多没有办大事的能力。因此应当选拔那些做过州官且素有名声的人任职，他们应对虽然迟缓，有时比不上别人，但他们一心向着国家，忠于职守且办事周密。

194. 以言取人，人饰其言；以行取人，人竭其行。饰言无庸[①]，竭行有成。（卷八　周书）

注释

①无庸：没有用处。

译文

根据一个人的言论来判断人品，人们就会用技巧来修饰言语；如果是依行为来判断人品，人们就会尽力充实内在的德行。巧饰言语毫无用处，尽力完善德行必将会有成就。

195. 故明王之任人，谄谀不迩[①]乎左右，阿党[②]不治乎本朝；任人之长，不强其短；任人之工[③]，

不强其拙。此任人之大略也。（卷三十三　晏子）

注释

①迩：接近。

②阿党：逢迎上意，徇私枉法；比附于下，结党营私。

③工：巧；精。

译文

贤明的君主任用人选时，谄媚阿谀的人不放在身边，结党营私的人不得治理政事；用人要发挥他的优点，不强求他的不足；任用他的专长，不强求他的短处。这就是用人的基本原则。

196. 故选不可以不精，任之不可以不信，进不可以不礼，退之不可以权辱。（卷四十八　典语）

译文

选拔大臣，不能不精确恰当；任命大臣，不能不信任；进用为官，不能不以礼相待；辞退官职，也不能使他们受到屈辱。

197. 故知清而不知所以重其禄者，则欺而浊；知重其禄，而不知所以少其吏者，则竭而不足；知少其吏，而不知所以尽其力者，则事繁而职阙。（卷四十七　刘廙政论）

译文

君主知道提倡清廉而不懂得增加官员的俸禄，官员就会形成欺诈和贪污腐败的风气；懂得增加俸禄，而不知道怎样减少官吏，财力就会空虚不足；知道减少官吏，而不懂得如何使他们发挥能力，事情就会繁多而显得职位短缺。

198. 夫除无事之位，损不急之禄，止浮食[①]之费，并从容之官。使官必有职，职任其事，事必受禄，禄代其耕，乃往古之常式[②]，当今之所宜也。（卷二十五　魏志上）

注释

①浮食：不作而食。

②常式：法式；常规。

译文

撤除无事可干的职位，减省不急需的俸禄，停发不做事、白领俸禄之人的费用，撤并无事可做的官员。让每位官员一定有职责，有职责均需承担事务，承担事务一定要接受俸禄，用俸禄代替耕作，这是古代的常规，也是当今社会应该采取的原则。

199. 故德厚而位卑者，谓之过；德薄而位尊者，谓之失。宁过于君子，而无失于小人。过于君子，其为怨浅矣；失于小人，其为祸深矣。（卷三十二　管子）

译文

德行深厚的人反而屈居下位，这是君主的过错；德行浅薄的人反而地位尊贵，这是君主的失误。宁可委屈了君子，而不能误用了小人。委屈了君子，他的抱怨不深；误用了小人，他引发的祸患却是最深远的。

200. 使贤者为之，则与不肖者规[①]之；使智者虑之，则与愚者论之；使修士行之，则与奸邪之人疑之。虽欲成功，得乎哉！（卷三十八　孙卿子）

注释

①规：规正；改正。

译文

让贤能的人为政，却叫不贤的人去规正；让有智慧的人谋虑政事，却叫愚昧的人去评论；让品德良好的人施行政令，却叫奸邪的人去怀疑。虽然想成功，怎么可能办得到呢！

四　至公

201. 大道之行也，天下为公。选贤与能。公犹共也，禅位授圣，不家之也。故人不独亲其亲，不独子其子，孝慈之道广也。使老有所终，幼有所长，鳏寡孤独废疾[①]者，皆有所养。无匮乏者。是故谋闭而不兴，盗窃乱贼而不作。是谓大同。同犹和平。（卷七　礼记）

注释

①鳏寡孤独废疾：鳏，成年无妻或丧妻的人。寡，专指妇人丧夫。孤，幼年丧父或父母双亡。独，老而无子孙者。废疾，身体或精神有残缺而不能做事的人。

译文

大道实现的时代，是天下为大家所共有共享的。选拔贤德之人，为天下人民服务。因此，人们不仅亲爱自己的双亲，不仅慈爱自己的子女，而使所有老人都能安度晚年，使所有小孩能得到良好的教育、健康的成长，并使所有鳏夫、寡妇、孤儿、无后嗣的老人以及身残和有病的人都能得到照顾和赡养。所以，人人都能真诚相处，就不会有勾心斗角、损人利己的阴谋出现，盗窃作乱的事也不会发生。这才是真正的大同世界。

202. 天下者非一人之天下，天下之天下也。与天下同利者，则得天下；擅[1]天下之利者，失天下。（卷三十一　六韬）

注释

①擅：独揽，专。

译文

天下不是一个人的天下，而是天下人的天下。能和天下人共享利益的人，可以得到天下；独占天下利益的人，最后会失去天下。

203. 夫能通天下之志者，莫大乎至公。能行至公者，莫要乎无忌心。（卷四十九　傅子）

译文

能通达天下人心意的，最重要在于大公无私。能做到大公无私的人，最重要的是没有猜忌之心。

204. 故君人者，爱民而安，好士而荣，两者无一焉而亡也。明分职[1]，序事业，拔材官能，莫不治理，则公道达而私门塞矣，公义明而私事息矣。如是，则德厚者进，而佞悦者止；贪利者退，而廉节者起。（卷三十八　孙卿子）

注释

①分职：分掌职务；分治其事。

译文

为人君者，爱护人民就可以使人心安定，喜好亲近贤士就能使国家兴盛，这两者一项都没有就会败亡。明确各部门掌管的职务，依据事情的轻重缓急来安排工作，选拔贤才，任用有能力的人为官，一切都治理得井井有条，那么为公家效忠的道路就畅通了，而行私请托的门径就被杜绝了；为公义的风气能彰显，而个人谋私的事能止息。这样一来，品德淳厚的人得到任用，奸佞谄媚的人受到遏止；贪图利益的人被辞退，廉洁奉公的人受到重用。

205. 臣闻尧受命，以天下为忧，而未闻以位为乐也。（卷十七　汉书五）

译文

臣（董仲舒）听说尧帝接受天命成为天子，把天下的忧患当作自己的忧患，却没有听说是因为坐上了天子的位置而高兴。

206. 贾曰："天下安，注意相；天下危，注意将。将相和，则士豫附[①]；士豫附，天下虽有变，则权不分。"（卷十六　汉书四）

注释

①豫附：悦乐而归顺。

译文

陆贾说："天下安定时，要注意行政首长的能力；动乱时，就要注意军事将领的忠诚。将相能和睦相处，贤士就乐于归附；贤士归附，天下即使有变化，权力也不会分散。"

207. 顾[①]吾念之，强秦之所以不敢加兵[②]于赵者，徒[③]以[④]吾两人在也。今两虎斗，其势不俱生。吾所以为此，先公家之急[⑤]，而后私雠[⑥]也。（卷十二　史记下）

注释

①顾：不过；但是。

②加兵：发动战争，以武力进攻。

③徒：但；仅；只。

④以：因为，由于。

⑤急：要紧，重要。

⑥雠：仇怨。

译文

只不过我（蔺相如）考虑到，强大的秦国之所以不敢发兵攻打赵国，那是因为有廉颇将军与我在。如今我们两虎相斗，势必不可能共存。我处处退避的原因，是以考虑国家的安危在先，而个人的私怨在后。

五　教化

208. 子曰："性[1]相近也，习[2]相远也。"君子慎所习。（卷九　论语）

注释

①性：人的本性。

②习：积久养成的惯性行为。

译文

孔子说："人的本性本来是相近的，都是纯净纯善的，由于个人后天的习染不同，差异就愈来愈大了。"

209. 先王知人有好善尚[1]德之性，而又贪荣而重利，故贵其所尚，而抑其所贪。贵其所尚，故礼让兴；抑其所贪，故廉耻存。（卷四十九　傅子）

注释

①尚：重视；尊崇。

译文

先王知道人一方面有喜好善良、崇尚美德的本性，另一方面又贪慕荣誉财利，所以就重视其所崇尚的，而抑制其所贪求的。重视其所崇尚的，所以礼让之风兴起；抑制其所贪求的，所以廉耻之心保全。

210. 治民之道，务笃于教也。（卷四十二 盐铁论）

译文

治理百姓最好的办法，就是一心一意致力于推动教化。

211. 上为下效，然后谓之教。(卷四十五 崔寔[1]政论）

注释

①寔：音shí。

译文

在上者怎么做，在下者就起而效法，这样就称为教化。

212. 古之仁人，推所好以训天下，而民莫不尚德；推所恶以诫天下，而民莫不知耻。（卷四十九 傅子）

译文

古代有德行的人，都能推己及人为天下人民着想，推行自己所崇尚的美德来教导天下，而人民没有不崇尚美德的；以自己所憎恶的丑行来告诫天下，所以人民没有不知道羞耻的。

213. 子曰："弟子入则孝，出则悌，谨而信，泛爱众，而亲仁。行有余力则以学文。"文者，古之遗文。（卷九　论语）

译文

孔子说："身为子弟，在家要孝敬父母，出外要恭敬长辈和上司，做事要谨慎小心，说话要言而有信，要博爱众人，亲近有仁德的人。实行这六事以外，再学习古圣先贤的典籍。"

214. 先王见教之可以化民也，见因天地教化民之易也。是故先之以博爱，而民莫遗其亲；先修人事，流化于民也。陈之以德义，而民兴行；上好义，则民莫敢不服也。先之以敬让，而民不争；若文王敬让于朝，虞、芮推畔于野。上行之，则下效法之。道之以礼乐，而民和睦；上好礼，则民莫敢不敬。示之以好恶，而民知禁。善者赏之，恶者罚之。民知禁，不敢为非也。（卷九　孝经）

译文

古圣先王明白顺从人性的教育可以感化人民，所以率先实行博爱，而人民受到影响，没有人遗弃自己的亲人；向人民宣扬仁义道德，人民感发，起而效法实行；率先做到恭敬、谦让，人民就不会争斗抢夺；制定礼仪和音乐来引导、教育人民，于是人民就能和睦相处；赏善罚恶，明示人民应崇尚或应厌弃之事，人民知道禁令就不会违反。

215. 子曰："教民亲爱，莫善于孝。教民礼顺，莫善于悌。移风易俗，莫善于乐。夫乐者，感人情，乐正则心正，乐淫则心淫也。安上治民，莫善于礼。上好礼，则民易使。礼者，敬而已矣。敬，礼之本，有何加焉。故敬其父则子悦；敬其兄则弟悦；敬其君则臣悦；敬一人而千万人悦。所敬者寡，悦者众，所敬一人，是其少。千万人悦，是其众。此之谓要道也。"孝悌以教之，礼乐以化之，此谓要道也。（卷九　孝经）

译文

孔子说："教导百姓相亲相爱，没有比弘扬孝道更好的了，因为孝是仁爱的原点。教导百姓遵循礼节，顺从长上，没有比弘扬悌道更好的了。改善社会风气习俗，没有比用良善的音乐去陶冶感化更好的了。安稳君长，治理人民，使上下各守本分，没有比礼节更好的了。礼的意义，归根结底在于一个'敬'字。因此，尊敬别人的父亲，儿子就会高兴；尊敬别人的兄长，做弟弟的就会高兴；尊敬别人的君王，身为臣子的就会高兴；尊敬一个人，却有千千万万的人感到高兴。所尊敬的虽然是少数人，而感到高兴的却有许多人。这就是把推行孝道称为'要道'的意义！"

216. 孔子曰："导[①]之以政，齐[②]之以刑，民免而无耻。导之以德，齐之以礼，有耻且格。"格，正。老氏称："法令滋章，盗贼多有。"（卷十二　史记下）

注释

①导：教导；劝导。

②齐：整治。

译文

孔子说："用政治来教化人民，用刑罚来管理人民，这样做，人民只想到如何免于刑罚，不会想到是不是可耻。但是用德行来教化人民，用礼义来管理人民，人民不但守法知耻而且能改过向善。"老子说："法律政令愈繁复苛刻，走法律漏洞的盗贼反而愈来愈多。"

217. 子产治郑，民不能欺；子贱治单父[①]，人不忍欺；西门豹治邺[②]，人不敢欺。三子之才能，谁最贤哉？辨治者当能别之。（卷十二　史记下）

注释

①单shàn父：春秋鲁国邑名，故址在今山东省单县南。

②邺：音yè。

译文

子产治理郑国，百姓不能欺骗他；子贱治理单父，百姓不忍心欺骗他；西门豹治理邺县，百姓不敢欺骗他。这三个人的才能，谁最高明呢？善于明察且懂得治理的人，应当能够分辨得出。

218. 不知礼义，不可以行法[①]。法能杀不孝者，而不能使人为孔墨（墨作曾）之行；法能刑窃盗者，而不能使人为伯夷之廉。孔子养徒三千人，皆入孝出悌，言为文章，行为仪表，教之所成也。（卷四十一　淮南子）

注释

①行法：按法行事。

译文

人民不懂得礼义，国家有了法律也实行不了。法律能将不孝之人处死，却不能使人效法孔子、曾子那样高尚的德行；法令能对盗窃的人处刑，却不能使人像伯夷那样清廉。孔子培养的学生有三千人，他们都能做到在家恪尽孝道，出外恭敬长上，说出的话能成为人们依循的规则，行为能成为人们的表率，这些都是教化的结果。

219. 文子问德仁义礼。老子曰："德者民之所贵也，仁者人之所怀也，义者民之所畏也，礼者民之所敬也。此四者圣人之所以御[①]万物也。"（卷三十五　文子）

注释

①御：统治；治理。

译文

文子请教关于德、仁、义、礼的学问。老子说："德是百姓所崇尚珍重的，仁是百姓所仰慕向往的，义是百姓所崇敬佩服的，礼是百姓所恭敬端肃的。这四个方面是圣人用来统领万物的道德规范。”

220. 显贤表德，圣王所重；举善而教，仲尼所美[①]。（卷二十六　魏志下）

注释

①美：称美；赞美。

译文

表彰贤德的人，是圣明的帝王所重视的；推举善人使大家见贤思齐，是孔子所称道的。

221. 一年之计，莫如树[①]谷；十年之计，莫如树木；终身之计，莫如树[②]人。（卷三十二　管子）

注释

①树：种植；栽种。
②树：培养；造就。

译文

如做一年的规划，没有什么事比种植五谷更为重要；如做十年规划，没有什么事比栽种树木更为重要；如做终身规划，没有什么事比培育人才更为重要。

222. 孔子曰：“君子有三畏：畏天命[①]，顺吉逆

凶天之命。畏大人，大人即圣人，与天地合德也。畏圣人之言。小人不知天命而不畏，狎[②]大人，侮圣人之言。”（卷九　论语）

注释

①天命：古注当善恶报应讲，天命顺之则吉，逆之则凶，所以可畏。

②狎xiá：轻忽；轻慢。

译文

孔子说：“君子有三项应当敬畏的事：敬畏因果报应的真相，敬畏有德或有地位之人，敬畏圣人的教诲。小人不知道因果报应而肆无忌惮，轻佻地对待高居上位的人，侮辱圣人的教诲。”

223. 儒家者流，盖出于司徒[①]之官，助人君、顺阴阳、明教化者也。游文于六经[②]之中，留意于仁义之际。祖述[③]尧舜，宪章[④]文武，宗师[⑤]仲尼，以重[⑥]其言，于道最为高。（卷十四　汉书二）

注释

①司徒：古代官名，掌管国家的土地和人民的教化。

②六经：六部儒家经典，即《诗》《书》《礼》《易》《乐》《春秋》。

③祖述：宗奉、效法古人的所作所为。

④宪章：效法；遵守法制。

⑤宗师：尊崇；效法，以之为师。

⑥重：崇尚；推崇。

译文

儒家学派，其源头来自于掌管教化的司徒官，其宗旨就是辅助君主、顺应阴阳、提倡教化。他们涵泳于六经的教诲中，时常留意推行仁义的机会。他们宗奉效法尧舜的作为而加以传述，遵守周文王和周武王的典章而加以阐明，景仰崇敬孔子并奉为老师，尊重古圣先王的教诲，以道作为学问的最高境界。

224. 道家者流，盖出于史官。历纪成败存亡祸福古今之道，秉要执本[①]，清虚[②]以自守[③]，卑弱以自持，此君人南面者之术也。合于尧之克让[④]，《易》之嗛嗛[⑤]。一谦而四益，此其所长也。（卷十四　汉书二）

注释

①秉要执本：掌握要旨和根本。

②清虚：清净虚无。

③自守：守住自己的本分、本性。

④克让：能谦让。克，能。

⑤嗛嗛qiān：谦逊貌。嗛，通“谦”。谦虚。

译文

道家学派，应当是出于史官。其著作记载了历代成败存亡祸福的道理，能掌握纲要和根本，以清静虚无的修养来守住自己的本分，以谦卑柔弱的态度来克制自己的习气，这是君王治国的方法。符合尧帝的谦让及《易经》的谦德。能够处处谦让则能获得天道、地道、鬼神、人道中亏损盈满而利益谦让的好处，这是道家所崇尚的。

六　礼乐

225. 夫人之所以贵于禽兽者，以有礼也。（卷三十三　晏子）

译文

人之所以比禽兽尊贵，是因为人能奉行礼义。

226. 故礼之教化也微，其正邪于未形，使人日徙善远罪而不自知也，是以先王隆[①]之也。《易》曰："君子慎始。隆，谓尊盛之也。始，谓其微时也。差若毫厘，谬[②]以千里。"此之谓也。（卷七　礼记）

注释

①隆：崇尚；尊崇。

②谬miù：错误；差错。

译文

礼的教化作用是潜移默化的，它防范邪恶于未形成前，能让人在不知不觉中天天向善德靠近而远离恶行，因此，先王都尊崇礼的教化作用。《周易》说："君子重视事物的开头。开头若有一丝一毫的偏差，结果会造成千里之远的错误。"说的就是这个意思。

227. 道德仁义，非礼不成；教训正俗，非礼不备；分争辨讼，非礼不决；君臣上下，父子兄弟，非礼不定；宦学[①]事师，非礼不亲；班朝[②]治军，莅官[③]行法，非礼威严不行；祷祠祭祀[④]，供给鬼神，非礼不诚不庄。班，次也。莅，临也。庄，敬也。

（卷七　礼记）

注释

①宦学：宦，学习仕宦之学，提高行政能力。学，学习诗、书、射等六艺。

②班朝：在朝廷中按照职位品级以定位次仪式。

③莅lì官：到职；居官。

④祷祠祭祀：祷，有所祈求的祭祀。祠，酬谢神恩的祭祀。祭祀，祭祀神明、祖先的泛称。

译文

仁义道德，不借助礼在细微曲折之间体现出的等级秩序及具体的行为规范，就不能实现；欲通过身教和言教来移风易俗，扶正去邪，若不以礼做根本标准，就不免要顾此失彼而无法周到完备；分争曲直，辨讼是非，若不以礼做准绳就无法做出正确判断；君臣、上下、父子、兄弟之间，没有礼就无法定名位、尽本分；无论是学习从政，还是学习其他东西，不根据礼，师生之间就不可能使教者认真、学者专心而产生亲近之情；朝班的整肃、军队的治理、官员的就职、法令的颁行，没有礼就不能彰显威严；祈祷酬谢神灵，祭祀供养祖先，没有礼就不能体现诚敬庄严。

228. 夫礼者，所以定亲疏，决嫌疑[1]，别同异，明是非也。（卷七　礼记）

注释

①嫌疑：易于混淆及是非难辨的事理。

译文

礼的作用，就是用来确定人与人的亲疏关系，断定疑难事情的恰当做法，分别尊卑地位的同异，明辨是非对错。如此一来，社会才有秩序，人人才有规矩。

229. 君子有礼，则外谐而内无怨。（卷七　礼记）

译文

君子做到以礼治身，便能与一切人及事物和谐共处，而内心平和毫无怨恨。

230. 富贵而知好礼，则不骄不淫；贫贱而知好礼，则志不慑[1]。慑，犹怯惑。（卷七　礼记）

注释

①慑：音shè。

译文

富贵的人若乐于学礼守礼，就能做到不傲慢、不放纵；贫贱的人如乐于学礼守礼，就能在任何场合都心志不惑，不怯懦畏惧。

231. 昏[①]礼者，将合二姓之好，上以事宗庙，而下以继后世也。故君子重之。男女有别，而后夫妇有义；夫妇有义，而后父子有亲；父子有亲，而后君臣有正。故曰，婚礼者，礼之本也。
（卷七　礼记）

注释

①昏：通“婚”。婚姻。

译文

婚礼，是缔结两个不同姓氏的家族交好。对上来说，可以奉事宗庙、祭祀祖先；对下来说，可以传宗接代、承继香火。所以君子十分重视婚礼。男女各有分工且各尽其责，则夫妇之间才有道义；夫妇间的道义建立起来了，给后代做了榜样，然后父子才能亲爱和睦；父子之间有了亲爱，然后君臣才能各正本位。因此说，婚礼是礼的根本。

232. 故朝觐之礼[①]，所以明君臣之义也；聘问之礼[②]，所以使诸侯相尊敬也；丧祭之礼，所以明臣子之恩也；乡饮酒之礼[③]，所以明长幼之序也；婚姻之礼，所以明男女之别也。夫礼禁乱之所由生，犹防止水之所自来也。故以旧防为无所用而坏之者，必有水败；以旧礼为无所用而去之者，必有乱患。故婚姻之礼废，则夫妇之道苦，苦，谓不至不答之属。而淫僻之罪多矣；乡饮酒之礼废，则长幼之序失，而斗争之狱繁矣；丧祭之礼废，则臣子之恩薄，而背死忘生者众矣；聘觐之礼废，则君臣之位失，而背叛侵陵之败起矣。

（卷七　礼记）

注释

①朝觐之礼：诸侯谒见天子之礼。

②聘问之礼：古代诸侯之间，互派使者做友好访问的礼节。

③乡饮酒之礼：指乡州邻里之间定期的聚会宴饮。此礼以敬老尊贤为主，最高层的由乡大夫（主持乡政者）宴请贡于朝廷的贤良之士，较低层的是乡人邻里之间的欢聚。聚会前先祭祀鬼神，然后按照仪式饮宴，透过行“乡饮酒礼”养成谦让和庄敬的人生态度。

译文

所以设朝觐之礼，是用来表明君臣大义；设聘问之礼，是为了使诸侯互相尊敬；设丧祭之礼，是用以表达为臣、为子的感恩之情；乡饮酒之礼，是用以明确长辈和晚辈间的秩序；婚姻之礼，是用以辨明男子和女子在家中职责分工的。礼节，能禁止混乱发生的根源，就像堤防能阻止洪水泛滥一样。所以，认为古老的堤防没有用处而毁坏它，一定会遭遇水灾；认为古老的礼仪没有用处而废弃它，一定会有祸乱发生。因此，婚姻之礼被废除，夫妇应尽的道义衰微，相处就会痛苦，而淫乱的罪行便会增多；乡饮酒之礼被废止，长幼的顺序丧失，争斗的刑事案件就会频繁发生；丧祭之礼被废弃，为人臣、为人子者的恩义淡薄，而背逆祖先、不忠不孝的人就会变多；聘问之礼和朝觐之礼被废弃，则将失去君臣各自应有的身份和地位，而反叛君主、侵凌邻国的祸乱就会随之产生。

233. 祭不欲数[①]，数则烦，烦则不敬。祭不欲疏，疏则怠，怠则忘。（卷七　礼记）

注释

①数shuò：屡次。

译文

祭祀不可太频繁，太频繁就会产生厌烦情绪，一旦有了厌烦情绪就会不恭敬。祭祀也不可太稀疏，太稀疏就会使人怠慢，怠慢了就会渐渐忘却祖先。

234. 凡音者，生人心者也。情动于中，故形于声。声成文，谓之音。是故治世之音，安以乐，其政和；乱世之音，怨以怒，其政乖[①]；亡国之音，哀以思，其民困。（卷七　礼记）

注释

①乖：反常；谬误。

译文

凡音乐的缘起，皆出于人心。感情在内心深处萌动之后，表现于外的就是发声。声成曲调，便成为音乐。因此太平盛世的音乐，安详而愉快，因为政治宽厚和谐；乱世的音乐，怨叹且愤怒，因为政令违背天理民心；亡国的音乐，悲哀而愁思，因为百姓处境困苦。

235. 音声之道，与政通矣。言八音和否随政。宫为君，商为臣，角[①]为民，徵为事，羽为物。五者不乱，则无怠（本书怠作怗）懘[②]之音矣。五者，君、臣、民、事、物也。凡声浊者尊，清者卑。怠懘，弊败不和之貌也。宫乱则荒，其君骄。商乱则陂[③]，其臣坏。角乱则忧，其民怨。徵乱则哀，其事勤。羽乱则危，其财匮。五者皆乱，迭相陵[④]，谓之慢。如此则国之灭亡无日矣。君、臣、民、事、物，其道乱，则其音应而乱也。（卷七　礼记）

注释

①角：音jué。

②怠懘chì：当作“怗懘”，指音调不和谐。懘，不流畅、不和谐。

③陂bì：偏颇，邪僻不正。

④相陵：亦作“相凌”，相互侵扰。

译文

音乐的内在精神，是与政治相通的。五音中的“宫”代表君主，“商”代表臣子，“角”代表人民，“徵”代表各种事情，“羽”代表器物。君、臣、民、事、物五者能谐和不乱，就不会有败坏不和的声音出现。假如宫音一乱音乐就放散而无中心，反映君主骄傲、刚愎自用而贤人远离。商音一乱音乐就会倾斜不正，反映臣子官品败坏而利用国家制度谋利。角音一乱音乐就会充满忧愁，反映政令苛刻而百姓哀怨。徵音一乱音乐就会哀苦，反映徭役不休而百姓痛苦。羽音一乱音乐就会危急不安，反映赋税沉重而百姓财用匮乏。如果五音全乱，则上下冲突、互相侵犯，称为“慢音”，表示国政傲慢又怠惰。如此一来，国家灭亡的时间就不远了。因此，真正的明君，为了替百姓谋福，一定会从音乐中体会民情，虚心调整政事。

236. 乱世之乐，为木革之声，则若雷，为金石之声，则若霆，为丝竹歌舞之声，则若噪。噪，叫。以此骇心气动耳目摇荡生，则可矣；生，性。以此为乐[①]，则不乐[②]。不乐，不和。故乐[③]愈侈，而民愈郁，侈，淫也。郁，怨也。国愈乱，主愈卑，则亦失乐[④]之情矣。（卷三十九　吕氏春秋）

注释

①乐：音yuè。

②乐：音lè。

③乐：音yuè。

④乐：音yuè。

译文

乱世的音乐，演奏木制、革制乐器的声音就像打雷，演奏铜制、石制乐器的声音就像霹雳，演奏丝竹乐器的歌舞就像大嚷大叫。用这样的声音来扰人精神，震动耳目，放荡性情，倒是可以办得到；但用来作为音乐演奏，那就不能给人带来和乐。所以音乐愈是奢华放纵，人民愈是抑郁，国家就愈混乱，君主的地位就愈卑下，这样也就失去音乐的本来意义了。

237. 乐由中出，和在心也。礼自外作。敬在貌也。大乐必易，大礼必简。易、简，若于清庙大飨然也。（卷七　礼记）

译文

乐由内心深处发出，礼则体现于外在行为。伟大的音乐必定是平易近人的，庄严的礼仪必定是简朴实在的。

七 爱民

238. 利天下者，天下亦利；害天下者，天下亦害之。……仁人在位，常为天下所归者，无他也，善为天下兴利而已矣。（卷四十九 傅子）

译文

能利益天下的人，天下人也会利益他；危害天下的人，天下人也会危害他……有仁德的人在位时，天下人都依附他，没有别的原因，只因为他善于为天下人谋求福利罢了。

239. 所谓天子者，天下相爱如父子，此之谓天子。（卷三十一 六韬）

译文

所谓天子，是对天下人如子女一样爱护，而天下人对他像父亲一样敬爱，这才称得上是天子。

240. 天地养万物，圣人养贤，以及万民。（卷一 周易）

译文

天地养育万物，使万物各得茂盛生长，而圣人颐养贤能之士，使他们为人民谋福利，将福泽推及万民的身上。

241. 故善为国者，御[1]民如父母之爱子，如兄之慈弟也。见之饥寒，则为之哀；见之劳苦，则为之悲。（卷三十一　六韬）

注释

①御：治理；统治。

译文

善于治理国家的君主，管理老百姓就如同父母爱护自己的孩子，如同兄长爱护弟弟。见到百姓饥寒，就为之哀痛；见到百姓劳苦，就为之悲伤。

242. 臣闻国之兴也，视民如伤，是其福也；如伤，恐惊动。其亡也，以民为土芥[1]，是其祸也。芥，草也。（卷六　春秋左氏传下）

注释

①土芥：泥土草芥。比喻微贱的东西，无足轻重。

译文

臣听说国家的兴盛，是因为看待人民如受伤的人一样倍加体恤，这就是它的福祉；国家的衰亡，是因为看待人民如泥土小草一样轻贱糟蹋，这就是它的祸患。

243. 尧存心于天下，加志于穷民，痛万姓之罹[①]罪，忧众生之不遂[②]也。有一民饥，则曰此我饥之也；有一民寒，则曰此我寒之也；一民有罪，则曰此我陷之也。仁昭而义立，德博而化广。故不赏而民劝，不罚而民治。先恕而后教，是尧道也。（卷四十三　说苑）

注释

①罹：遭遇；遭受。

②不遂：不能顺利达成，不能如愿。

译文

尧帝对天下人都心存关怀，尤其对穷苦人民更加关爱，心痛百姓遭受罪罚，担忧众人不能顺心如意。只要有一人挨饿，就说，“这是我让他饥饿的”；有一人受冻，就说，“是我让他受寒的”；有一人犯罪，就说，“是我造成他犯罪的”。尧帝的仁慈彰显而百姓就讲道义；恩德广博而百姓就全被感化。所以不用奖赏，而人民就能互相规劝；不用刑罚，而人民就能安分守己。先宽恕体谅，然后再教育他们，这就是尧帝治理天下的方法。

244. 子张问仁于孔子。孔子曰：“能行五者于天下，为仁矣。”请问之。曰：“恭宽信敏惠。恭则不侮，不见侮也。宽则得众，信则人任焉，敏则有功，应事疾，则多成功。惠则足以使人。”（卷九　论语）

译文

子张向孔子问为仁之道。孔子说："能实行五种品德于天下，便算是仁了。"子张请问是哪五种，孔子说："恭、宽、信、敏、惠。对人恭敬就不会遭受侮辱；待人宽厚就可以得到大众拥护；做人诚信就能得到别人的信任；做事勤奋敏捷就能获得成功；能广施恩惠于人，那么人必愿意效力尽忠。"

245. 丘[①]也闻有国有家者，不患寡，而患不均，不患土地人民之寡少，患政治之不均平。不患贫，而患不安。忧不能安民耳，民安国富。盖[②]均无贫，和无寡，安无倾。政教均平，则不患贫矣；上下和同，则不患寡矣；大小安宁，不倾危矣。夫如是，故远人不服，则修文德以来[③]之；既[④]来之，则安之。（卷九　论语）

注释

①丘：孔子自称。孔子名丘，字仲尼。

②盖：承接上文，表示原因或理由。

③来：招致。

④既：已经。

译文

我曾经听说有国的诸侯、有家的卿大夫，不担心土地人民寡少，而担心财富不平均；不担心贫穷，而担心上下不能安定。因为均平就能致富而没有贫穷；和谐就能感召远方人来归附而不会寡少；百姓安定就不会招致外患而有倾覆的危险。诚能如此，远方的人如果不归附，我就修养文化道德来感召他们；等到他们来归附以后，就让他们能安定生活下去。

246. 今之所谓良吏者，文察[①]则以祸其民，强力则以厉其下，不本法之所由生，而专己之残心。（卷四十二　盐铁论）

注释

①文察：深文苛察。

译文

现在所谓好的官吏，动用严苛的刑法来祸害百姓，使用暴力强权来残害下级，不根据法律的本意，而是专凭自己残酷的心意行事。

247. 凡民有七亡：阴阳不和，水旱为灾，一亡也；县官重责，更赋租税，二亡也；贪吏并公，受取不已，三亡也；豪强大姓（姓下旧有家字，删之）蚕食无厌，四亡也；苛吏繇役[①]，失农桑时，五亡也；部落鼓鸣，男女遮列[②]，六亡也；盗贼劫略，取民财物，七亡也。七亡尚可，又有七死：酷吏殴杀，一死也；治狱深刻，二死也；冤陷无辜，三死也；盗贼横发，四死也；怨仇相残，五死也；岁恶饥饿，六死也；时气疾疫，七死也。民有七亡，而无一得，欲望国安诚难。民有七死，而无一生，欲望刑措诚难。（卷十九　汉书七）

注释

①繇yáo役：或称“徭役”，古代官府指派成年男子从事义务性的劳役，包括修城、铺路、防卫乡里等工作。

②遮列：亦作“遮迾”“遮迣”“遮厉”。列队遮拦。

译文

造成百姓流亡的原因有七种：阴阳失调，干旱和水灾侵害百姓，此其一；官府加重索取，增加赋税，此其二；贪官污吏假公济私，收受贿赂不断，此其三；有权势的富家侵占百姓财物，贪婪无厌，此其四；残酷苛刻的官吏征招劳役，贻误农时，此其五；乡间村落常常响起警报声，全村男女都得出动防卫，此其六；盗贼肆虐，抢夺百姓的财物，此其七。这七种流亡的情况还不算厉害，又有七种逼死百姓的情况：残酷的官吏殴打、杀害百姓，此其一；审理案件太苛刻，此其二；冤枉陷害无辜的百姓，此其三；盗贼遍地，这是其中之四；冤家仇人相互残杀，此其五；年景不好收成极坏，百姓忍饥挨饿，此其六；一时传染病流行，百姓感染发病，此其七。百姓有七种流亡的原因，却没有得到丝毫的利益，想要使国家安定实在是太难了。百姓有七种丧命的情况，却没有丝毫生存的机会，想要废弃刑法而让百姓安稳过活，实在是太难了。

八　民生

248. 富国有八政：一曰，俭以足用；二曰，时以生利；三曰，贵农贱商；四曰，常民之业；五曰，出入有度；六曰，以货均财；七曰，抑谈说之士；八曰，塞朋党之门。夫俭则能广，时则农业修，贵农则谷重，贱商则货轻，有常则民一，有度则不散，货布[①]则并兼[②]塞，抑谈说之士则百姓不淫，塞朋党之门则天下归本。（卷五十　袁子正书）

注释

①布：遍布；分布。

②并兼：合并；并吞。

译文

使国家富强的政策有八条：一是要节俭，使人民生活富裕充足；二是掌握农时，使人民收获丰盈；三是重农抑商；四是使人民都有固定的职业；五是量入为出，开支有节制；六是以正确的货币政策调节财富；七是抑制高谈阔论的人；八是杜绝结党营私的门路。节俭则资源财富运用久远，按照时节劳作就保证收成，重视农业粮食价格就高，抑制商业货物价格就低，如此社会才易稳定，职业固定则百姓工作专一，开支有度就会使财富不散，财货均衡遍布各处则可抑制兼并发生，摒弃空谈的人就会使百姓不迷惑混乱，堵塞朋党之门则天下就会归顺君主。懂得这八者，国家虽小，必定能称王。不懂这八者，国家虽大，最后必定灭亡。

249. 民有余则轻之，故人君敛之以轻；民不足则重之，故人君散之以重。民轻之之时，为敛籴之；重之之时，官为散之。**凡轻重敛散之以时，即准平，故大贾[①]蓄家[②]不得豪夺吾民矣。**（卷十四　汉书二）

注释

①大贾：大商人。

②蓄家：蓄藏财货颇多之家。

译文

民众有剩余时，物价就比较低，所以君主就低价收购；民众不够用时，物价就高，所以君主就抛售。如果收购与抛售能合于时机且掌握恰当，供求就能平衡，物价就能稳定，那些囤积财货的商人和富家就不能仗势强夺百姓的利益了。

九 法古

250. 学古入官，议事以制，政乃弗迷。言当先学古训，然后入官治政，凡制事必以古义，议度终始，政乃不迷错也。（卷二 尚书）

译文

学习古训才可以做官处理政务，根据古代的典章制度议论政事，政治就不会迷惑错误。

251. 野谚曰：前事之不忘，后事之师。是以君子为国，观之上古，验之当世，参以人事，察盛衰之理，审权势之宜，去就有序，变化应时，故旷日长久，而社稷安矣。（卷十一 史记上）

译文

俗话说：“记取过去的经验教训，就是以后做事的借鉴。”因此君子治理国家，考察以上古的历史，验证以当代的情况，还要通过人事加以检验，从而了解兴盛衰亡的规律，审慎权衡与之相适应的形势，取舍有条理，并顺应时代制定相应策略，因此历时长久而国家安定。

252. 武王问尚父曰：“五帝之戒可闻乎？”尚

父曰："黄帝之时戒曰，吾之居民上也，摇摇恐夕不至朝；尧之居民上，振振如临深川；舜之居民上，兢兢如履薄冰；禹之居民上，栗栗恐不满日；汤之居民上，战战恐不见旦。"王曰："寡人今新并殷居民上，翼翼惧不敢怠。"（卷三十一　阴谋）

译文

周武王问尚父："古代帝王的自我警戒可以告诉我吗？"尚父说："黄帝时的警戒说，'我领导人民，忧虑不安，唯恐傍晚到不了明天早晨'；尧帝领导人民，战战兢兢好像走在很深的大川边；舜帝领导人民，小心谨慎好像走在薄冰上；禹王领导人民，战战栗栗唯恐治理过不了今天；汤王领导人民，敬慎畏惧唯恐见不到天亮。"武王说："我现在刚兼并了殷国，处于民众之上，对他们恭敬谨慎，戒惧而不敢怠慢。"

十 纲纪

253. 天下之达道有五，其所以行之者三。曰君臣也，父子也，夫妇也，昆弟也，朋友之交也，五者，天下之达道①也；智仁勇三者，天下之达德也。所以行之者一也。或生而知之，或学而知之，或困而知之，及其知之一也。或安而行之，或利而行之，或勉强而行之，及其成功一也。
（卷十 孔子家语）

注释

①天下之达道：天下古今人与人相处的常道，即君臣有义、父子有亲、夫妇有别、长幼有序、朋友有信。

译文

天下所共同遵循的伦常大道有五种，而用以实践的功夫则有三种。所谓君臣、父子、夫妇、兄弟姐妹、朋友之间的关系，这五种就是天下人所共同遵循的伦常大道；而智慧、仁爱、勇敢，这三种是天下人须具备的德行。践行这些大道和美德，都要靠一个“诚”字贯彻始终。以上这些道理，有的人生下来就知道，有的人经过学习才知道，有的人要下苦功才能知道，等到明白以后，其中的道理都是一样。有些人心安理得地去实行，有些人为了得到利益去实行，有些人则需要勉强才会去做，等到做成功后，结果都是一样的。

254. 仁义礼乐、名法刑赏，凡此八者，五帝[①]三王[②]，治世之术也。故仁以导之，义以宜之，礼以行之，乐以和之，名以正之，法以齐之，刑以威之，赏以劝之。（卷三十七　尹文子）

注释

①五帝：指远古时代的五位圣王，说法不一。或指黄帝、颛顼、帝喾、唐尧、虞舜；或指太昊(伏羲)、炎帝(神农)、黄帝、少昊(挚)、颛顼；或指少昊、颛顼、高辛、唐尧、虞舜；或指伏羲、神农、黄帝、唐尧、虞舜。

②三王：指夏、商、周三代之君，说法不一。或指夏禹、商汤、周武王；或指夏禹、商汤、周文王；或指商汤、周文王、周武王。

译文

仁、义、礼、乐、名、法、刑、赏，这八项措施是五帝三王用来治理天下的方法。用仁爱思想来教导人民忠恕待人，用道义来判断合于名分的事理，用礼仪来规范人民的行为，用音乐来调剂人情并且和睦相处，用名分来端正各阶层的身份地位，用法律来统一人民的行为，用刑罚建立威信让人民不敢作恶，用奖赏来劝勉人民行善。

255. 仁者莫大于爱人，智者莫大于知贤，政者莫大于官能。有土之君，能修此三者，则四海之内供命而已矣。（卷十　孔子家语）

译文

真正仁慈的人莫过于爱护众人，明智的人莫过于辨识贤才，为政的人最重要在于任用贤能之士。拥有疆土在上位的国君，能做到这三点，那天下人都会恭敬听命。

256. 天子听男教，后听女顺；天子理阳道，后治阴德；天子听外治，后听内治。教顺成俗，外内和顺，国家理治，此之谓盛德也。（卷七　礼记）

译文

天子掌管男子的教化，皇后掌管教化妇女柔顺的美德；天子负责阳刚之事，皇后负责阴柔之事；天子治理对外的一切政事，皇后处理后宫的内务。男主外、女主内的教育，形成了男女各司其职的风俗，内外都能做到和谐恭顺，国事与家事都能治理得井井有条，这就是伟大的德行。

257. 治天下有四术：一曰忠爱，二曰无私，三曰用贤，四曰度量。度量通，则财用足矣；用贤，则多功矣；无私，百智之宗也；忠爱，父母之行也。（卷三十六　尸子）

译文

治理天下须遵循四项法则：一是诚心爱民，二是大公无私，三是任用贤才，四是规划财政收支。财政收支规划得当，则财用充足；任用贤才，治理国家就能成就诸多功绩；大公无私，是智慧的根本；诚心爱民，就体现了爱民如子的行为。

258. 仓廪实则知礼节，衣食足则知荣辱，上服度则六亲固，四维张则君令行。四维不张，国乃灭亡。国有四维，一维绝则倾，二维绝则危，三维绝则覆，四维绝则灭。倾可正也，危可安也，覆可起也，灭不可复错①也。四维：一曰礼，二曰义，三曰廉，四曰耻。（卷三十二　管子）

注释

①错：通“措”。措置；安置。此处是建立之意。

译文

粮仓充实，人民有了储蓄才会知道守礼节；衣食充足，人民吃穿不愁才会注意到荣辱；在上位的人能遵守礼制法度，六亲眷属就会团结和睦；而立国的四大纲维能够发扬，融入民间，国家的政令才能通行无阻。四大纲维不能发扬，国家必会灭亡。因此，立国有四大纲维，一维断绝，国家就会倾斜不安；二维断绝，国家就会危险；三维断绝，国家就会颠覆；四维都断绝，国家要灭亡。倾斜还可以扶正，危险尚可以平定，颠覆尚可兴起，可是灭亡了就没有办法再建立了！什么是四大纲维？一是礼，二是义，三是廉，四是耻。

259. 是故古之圣王未有不尊师也，尊师则不论贵贱贫富矣。（卷三十九　吕氏春秋）

译文

古代的圣王没有不尊重老师的，尊重老师就不会计较老师的贵贱贫富。

260. 汤曰：“何谓臣①而不臣②？”对曰：“君之所不名臣者四：诸父臣而不名；诸兄臣而不名；先王之臣，臣而不名；盛德之士，臣而不名；是谓大顺也。”（卷四十三　说苑）

注释

①臣：臣子；下属。

②臣：以之为臣；役使。

译文

商汤问：“什么是用为辅佐的大臣却又不把他们当臣子看待？”伊尹回答说：“国君不称臣子为臣子的有四种人：自己的伯父、叔父为大臣，不称他们为臣；众兄长是大臣，不称他们为臣；父王的老臣为大臣，不称他们为臣；德高望重的人为大臣，不称他们为臣。这是顺应伦常大道。”

261. 子曰：“不在其位，不谋其政。”欲各专一于

其职也。（卷九　论语）

译文

孔子说："君子不担任这个职位，就不去参与计划这个职务范围内的事情。"

262. 是以人君自任而躬[①]事，则臣不事[②]事矣。言君之专荷其事，则臣下不复以事为事矣。是君臣易位也，谓之倒逆，倒逆则乱矣。人君任臣而勿自躬，则臣事事矣。是君臣之顺，治乱之分，不可不察。所谓任人者逸，自任者劳也。（卷三十七　慎子）

注释

①躬：亲身；亲自。

②事：治理；任事。

译文

君主凡事都要自己亲自去做，那么臣子就不主动处理好事务了。这是君臣互换位置，称作颠倒错位，颠倒错位必然会造成混乱。所以，君主任用臣子而不用事必躬亲，那么臣子就会各司其职，尽职尽责完成任务。这是君臣伦理的正常关系，治世和乱世的区别所在，不能不审慎明察。

263. 政不可多门，多门则民扰。（卷二十九　晋书上）

译文

政令不可由许多部门发出，因为这样会困扰民众，使他们无所适从。

十一　赏罚

264. 古之明君，褒罚必以功过；末代暗主，诛赏各缘[1]其私。（卷二十三　后汉书三）

注释

①缘：循；顺。

译文

古代的贤明君主，褒奖和惩罚都要依据当事人的功劳或过失；末代的亡国昏君，诛杀和封赏都顺着个人私情。

265. 夫当赏者不赏，则为善者失其本望，而疑其所行；当罚者不罚，则为恶者轻其国法，而怙其所守。（卷四十六　中论）

译文

应当奖赏的不奖赏，那么做善事的人就会失去本来的愿望，而怀疑自己的行为是否有意义；应当惩罚的不惩罚，那么做坏事的人就会轻视国家的法令，而肆无忌惮地继续造恶。

266. 先王之教，进贤者为上赏，蔽贤者为上

戮[1]。（卷四十九　傅子）

注释

①戮：音lù。

译文

古代圣王的教诲，推荐贤人的人受重赏，刻意埋没贤人的人受重惩。

267. 爵禄者，国柄[1]之本，而贵富之所由，不可以不重也。然则爵非德不授，禄非功不与。二教[2]既立，则良士不敢以贱德受贵爵，劳臣不敢以微功受重禄，况无德无功，而敢虚干[3]爵禄之制乎！（卷四十九　傅子）

注释

①国柄：国家权柄。
②二教：指授予爵位和俸禄的两种政教制度。
③干：求取。

译文

官爵和俸禄，是国家权力的根本，是达到富贵的途径，不能不重视。既然如此，没有美德就不应该授予爵位，没有功劳就不能给予俸禄。授予爵位和俸禄的政教制度已经设立，那么贤良的士人就不敢以浅薄的德行去接受高贵的爵位，有功劳的大臣就不敢以小功去接受优厚的俸禄，何况是没有德行、毫无功劳的人，怎敢白白地追求爵位和俸禄呢？

268. 魏文侯问李克曰："刑罚之源安生？" 对曰："生于奸邪淫佚之行也。凡奸邪之心，饥寒而起；淫佚者，文饰[①]之耗。雕文刻镂，害农事者也；文绣[②] 纂组[③]，伤女功者也。农事害则饥之本，女功伤则寒之源也。饥寒并至，而能不为奸邪者，未之有也。男女饰美以相矜，而能无淫佚者，未尝有也。……刑罚之起有源，人主不塞[④]其本，而督[⑤]其末，伤国之道也。"
（卷四十三　说苑）

注释

①文饰：以纹彩修饰。

②文绣：刺绣华美的丝织品或衣服。

③纂zuǎn组：赤色绶带。亦泛指精美的织锦。

④塞：音sè。

⑤督dū：治理；整理。

译文

魏文侯问李克说："刑罚产生的根源是怎样的？" 李克说："刑罚生于奸邪淫佚的行为。凡是奸诈邪恶的心，由饥寒逼迫所引起；放荡的行为，由过分装饰而形成奢侈靡烂。雕梁画栋，会妨害农业的生产；纺织追求华丽，会耽误女工的劳作。农业生产受到妨害，便是饥饿的起因，女工劳作被耽误，就是寒冷的根源。饥寒交迫，而没有奸邪行为的，未曾有过。男女互相以装饰打扮来夸耀,而没有放荡行为的,也未曾有过。……所以,刑罚的产生是有原因的,君王不杜绝根本,而只惩处已形成的罪恶,这是损害国家的做法。”

十二　法律

269. 先仁而后法，先教而后刑，是治之先后者也。（卷五十　袁子正书）

译文

先实行仁义然后才用法令，先进行教化然后才用刑法，这是治理国家的重要先后次序。

270. 法非从天下，非从地出，发于人间，反己自正也。诚达其本，不乱于末；知其要，不惑于疑；有诸己，不非诸人；无诸己，不责于下；所禁于民者，不行于身。故人主之制法也，先以自为检戒（戒作式）[①]，故禁胜于身，即令行于民矣。（卷三十五　文子）

注释

①检戒：当作“检式”。法式；法度。

译文

法令制度不是从天上掉下来，也不是从地下生出来，而是人们制定出来的，又反过来约束人们端正自己。果真通达了根本，就不会在枝末细节上犯错误；掌握了纲要，就不会被疑难所困惑；人君自己能做到，也不会去指责别人没做到；自己做不到，更不会要求臣民要做到；禁止百姓做的事，自己首先不做。因此人君制定法令，自己先要做出守法的模范，而法律、禁令都能由领导者本身率先实践，那么，政令必然能在民间畅行无阻。

271. 凡我有官君子，钦乃攸司[①]，慎乃出令，令出惟行，弗惟反。有官君子，大夫以上也。叹而戒之，使敬所司。慎出令，从政之本也。令出必惟行之，不惟反改。二三其令，乱之道也。**以公灭私，民其允怀[②]**。从政以公平灭私情，则民其信归之。（卷二　尚书）

注释

①钦乃攸司：恭敬对待你们所管理的工作。钦，恭敬。乃，你们。攸，所。司，主管、执掌。

②怀：归向；归服。

译文

周成王说，凡我的各级官长，要恭敬对待你们所管理的工作，慎重对待你们发布的命令。命令发出了就要实行，不能朝令夕改。要用公正的心去掉个人的私情或恩怨，人民才会信任归服。

272.《书》曰："与杀不辜，宁失不经[①]。"（卷十七　汉书五）

注释

①不经：不合常法。

译文

《尚书》说："与其枉杀无辜，宁可犯不依常法的过错。"也就是说，处理案件要体现仁政，司法的官吏要以仁德存心，避免冤狱。

273. 子曰："听讼[①]吾犹人。与人等。必也使无讼乎！"化之在前。（卷九 论语）

注释

①听讼：审理诉讼；审案。

译文

孔子说："审理诉讼案件，我跟别人的方式差不多。但我一定尽力使诉讼案件不发生才好。"

十三 慎武

274. 圣人之用兵也，将以利物，不以害物也；将以救亡，非以危存也。……故曰：好战者亡，忘战者危。（卷四十七 政要论）

译文

圣人用兵的原则，是为了利益万物，而不是残害万物；是为了挽救国家的危亡，而不是用来危害他国的生存。……所以说，爱好战争的必将走向灭亡，疏忽备战的必有危机。

275. 兵者存亡之机，一死不可复生也。故曰：天下难事在于兵。（卷五十 袁子正书）

译文

用兵是人民生死和国家存亡的关键，一旦阵亡就不可能再复活。所以说，天下难事在于用兵。

276. 兵者不祥之器，兵革者，不善之器也。非君子之器。不得已而用之，谓遭衰逢乱，乃用之以自守也。恬惔[①]为上，不贪土地，利人财宝。胜而不美。虽得胜不以为利美。而美之者，是乐杀人也。美得胜者，是为乐杀人也。夫乐杀人者，则不可以得志于天下矣。

吉事上左，左生位。凶事上右。阴道杀也。偏将军处左，偏将军卑，而居阳者，以其不专杀也。上将军处右，上将军尊，而居右者，以其主杀也。言以丧礼处之。伤己德薄，不能以道化人，而害无辜之民。丧礼上右。杀人众多，以悲哀泣之；古者战胜，将军居丧主之位，素服而哭之，明君子贵德而贱兵，不得已诛不祥，心不乐之，比于丧也。战胜则以丧礼处之。（卷三十四　老子）

注释

①惔dàn：通“憺”。恬静；淡泊。

译文

凡兵戈甲胄之类，都是不吉祥的器物，不是君子所使用的器物。万不得已才使用它，最好以清静淡泊为上策，不可有骄傲贪暴的心态，即使打了胜仗也不要自鸣得意。如果感到得意，那就是喜欢杀人。若是喜欢杀人，就不可能在天下实现他的志愿。吉庆事以左边为贵，凶丧事以右方为贵。不主攻的偏将军站在兵车左边，主攻的上将军站在右边，这是说明出兵打仗是按丧礼仪式来排列。战争中杀人众多，要用哀痛的心情看待；打了胜仗，也要用丧礼的仪式来处置有关善后事宜。所以君子崇尚以德服人、以道化人，绝不轻易发动战事。

277. 师[1]之所处，荆棘生焉。农事废，田不修。大军之后，必有凶年。天应之以恶气，即害五谷也。（卷三十四　老子）

注释

①师：军旅，军队。

译文

军队所到的地方，民生凋敝、田地荒芜且荆棘丛生。所以大战过后，杀伤和气，上天用恶劣的天气来回应，必有荒年。

278. 十万之师出，费日千金。故百战百胜，非善之善者也；不战而胜，善之善者也。
（卷三十七　尉缭[①]子）

注释

①缭：音liáo。

译文

十万人的军队一出动，每天耗费千金。所以百战百胜，不算最好的胜利；不战而胜，才是最好的胜利。

279. 救乱诛暴，谓之义兵，兵义者王；敌加于己，不得已而起者，谓之应兵，兵应者胜；争恨小故，不胜愤怒者，谓之忿兵，兵忿者败；利人土地货宝者，谓之贪兵，兵贪者破；恃国家之大，矜民人之众，欲见威于敌者，谓之骄兵，兵骄者灭。此五者，非但人事，乃天道也。（卷十九　汉书七）

译文

拯救叛乱、讨伐暴君，称为义兵，用兵坚持正义可称王；敌军攻打我方，不得已而起兵应敌的，称为应兵，因保卫国家的精神必能战胜；为小事争强斗狠，压制不住愤怒的，称为愤兵，因愤怒而失去理智必会战败；贪图人民的土地、财宝，称为贪兵，只有贪欲而没有良心必然破败；自以为国势强大，夸耀人口众多，想在敌人面前逞威风，称为骄兵，因骄傲自满而轻视敌军必被消灭。这五种情况，不仅仅是人情事理，也是天道的法则。

280. 故兵者国之大器，存亡之事，命在于将也。先王之所重，故置①将不可不审察也。
（卷三十一　六韬）

注释

①置：任命；任。

译文

出师用兵为国家的大事，也是国家存亡的关键，而国运、人命全系在将帅身上。所以先王（指文王）特别重视，在任命将帅时，不能不加以审慎考察。

十四　将兵

281. 视卒如婴儿，故可与之赴深溪；视卒如爱子，故可与之俱死。（卷三十三　孙子）

译文

对待士兵就像对待婴儿那样关怀照顾，那么士兵就能与将帅共赴险境；对待士兵就像对待心爱的儿子那样尽心爱护，那么士兵就能与将帅生死与共。

伍　敬慎

一 微渐

282. 积善之家，必有余庆[①]；积不善之家，必有余殃。（卷一 周易）

注释

①庆：福泽。

译文

积累善行的人家，必然给后世子孙带来福泽；积累恶行的人家，必然给后世子孙带来祸殃。

283. 善不积不足以成名，恶不积不足以灭身。小人以小善为无益而弗为也，以小恶为无伤而弗去也，故恶积而不可掩，罪大而不可解也。（卷一 周易）

译文

善行不积累就不足以树立名声；恶行不积累也不足以身败名裂。小人做事，完全以利害关系为出发点，以为做出小小的善事不会得到什么好处，便索性不去做，以为做些小的恶事无伤大体，便不改过，所以日积月累，恶行积累到不可掩盖的程度，罪责大到无法解脱的地步。

284. 夫十围之木，始生而如蘖[①]，足可搔而绝，手可擢[②]而拔，据其未生，先其未形也。磨砻[③]砥砺[④]，不见其损，有时而尽；种树畜养，不见其益，有时而大；积德累行，不知其善，有时而用；弃义背理，不知其恶，有时而亡。（卷十七　汉书五）

注释

①蘖niè：树木砍去后重生的枝条。亦泛指物始生。

②擢：音zhuó。

③砻lóng：磨。

④砥砺：砥，质地较细的磨刀石。砺，质地较粗的磨刀石。

译文

十围粗的树，是从小小的嫩芽长起来的，当时用脚一碰就会折断，用手一提就可以拔出来，因为它还没有生长，没有成形。在磨刀石上磨刀，看不见磨刀石被减损，到了一定的时候，却被磨损殆尽了；栽种树木、饲养家畜，看不见它们在成长，到一定的时候，却不知不觉长大了；积累仁德和善行，并没有感觉到它的好处，而到一定的时候却发生作用；抛弃仁义，违背天理，并没有感觉到它的坏处，到一定的时候却走向败亡。

285. 傲不可长，欲不可从[①]，志不可满，乐不可极。此四者，慢游之道，桀纣所以自祸也。（卷七　礼记）

注释

①从zòng：“纵”的古字。放纵。

译文

傲慢不可滋长，欲望不可放纵，志向不可过于自满，享乐不可没有节制。

286. 盖[①]明者远见于未萌，知[②]者避危于无形，祸固多臧[③]于隐微，而发于人之所忽者也。（卷十八　汉书六）

注释

①盖：发语词，提起下文，无义。

②知：“智”的古字。聪明；智慧。

③臧cáng：“藏”的古字。隐藏。

译文

见识高明的人在事情还未萌生前就能预见，有智慧的人在危险还未形成前就能避开；祸患大多藏在隐密细微之处，而在人们疏忽时发生。

287. 子曰：“人而无远虑，必有近忧。”（卷九　论语）

译文

孔子说：“一个人如果没有深远的思虑，他必然随时遭遇不可预测的忧患。”意谓，就办事方面，无论大小，目标要远大，办法要周详，又要预防流弊；做人方面，也要有远大的志向、长久的规划，否则忧患就在眼前。

288. 子曰："危者安其位者也，亡者保其存者也，乱者有其治者也。是故君子，安不忘危，存不忘亡，治不忘乱，是以身安而国家可保也。《易》曰：'其亡其亡！系于苞桑[①]。'"（卷一　周易）

注释

①苞桑：桑树的根。

译文

孔子说："凡是招致危险的人，都是因为他先前安逸于他的职位上；灭亡的国家，是因为先前自以为国家可以长存；败乱的国家，是因为先前自以为已经治理稳定。因此君子安居而不忘倾危，生存而不忘灭亡，整治而不忘败乱，自身则可常安而国家可以永保。"《易经》上说："心中时时警惕着，将灭亡了！将灭亡了！天下的治安，就像系在坚固的桑树根上一样安稳。"

289. 祸兮福之所倚，倚，因，夫福因祸而生，人遭祸而能悔过责己，修善行道，则祸去福来。福兮祸之所伏，祸伏匿于福中，人得福而为骄恣，则福去祸来。孰知其极？祸福更相生，无知其穷极时也。（卷三十四　老子）

译文

灾祸啊，福气倚靠在旁；福气啊，灾祸潜伏在它之中，谁能知道它们转化的微妙呢？意谓人遭祸能反躬自省，断恶修善，则祸去福来；人得福却骄奢淫逸，则福去祸来。

290.“教人曲突远薪，固无恩泽；燋头烂额，反为上客[①]。”盖伤其贱本而贵末，岂夫独突薪可以除害哉？……后世多损于杜塞未萌，而勤于攻击已成，谋臣稀赏，而斗士常荣。（卷四十四　桓子新论）

注释

①教人曲突远薪，固无恩泽；燋jiāo头烂额，反为上客：典故出自班固《汉书·霍光传》。有客人看见主人家烟囱是直的，灶旁又堆放木柴，好心劝告主人将烟囱改建成弯的，并将木柴搬走，以免发生火灾。主人不听劝告，后来果然失火，幸好邻里将火势扑灭。主人为了答谢邻家，便设宴款待救火的人，却将提出建议的客人给遗忘了。

译文

“教人改弯烟囱、移开柴草的，却不认为有恩泽；帮助救人而被烧得焦头烂额的人，反而成为贵客。”这是痛感失火人家的本末倒置，哪里仅仅是指改灶移柴可以免除灾祸这件事情呢？…… 后世的人大多在防患于未然方面做得不够，却努力于挽救已经造成的后果，谋臣们很少受到奖励，而斗士常常受到尊崇。

291. 玩人丧德，玩物丧志。以人为戏弄，则丧其德矣；以器物为戏弄，则丧其志矣。（卷二　尚书）

译文

不尊重他人，随意轻慢戏弄，就会丧失做人应有的道德；沉溺于所喜好的事物之中，乃至于不能自拔，就会丧失自己原有的志向。

292. 箕子者，纣亲戚也。纣为象箸，箕子叹曰："彼为象箸，必为玉杯，为玉杯，则必思远方珍怪之物而御[①]之矣，舆马宫室之渐，自此始，不可振也。"（卷十一　史记上）

注释

①御：使用；应用。

译文

箕子是纣王的亲戚。纣王开始使用象牙筷时，箕子感叹说："纣王既然用象牙筷子，接下来必然用宝玉做杯，制造了玉杯，必然还会渴望得到远方的奇珍异物以供自己享用，车马、宫室逐渐奢侈华丽，从此开始，国家将无法振作、挽救了。"

293. 图难于其易，欲图难事，当于易时，未及成也。为大于其细。欲为大事，必作于小，祸乱从小来也。天下难事，必作于易；天下大事，必作于细。是以

圣人终不为大，处谦虚也。故能成其大。天下共归之也。（卷三十四　老子）

译文

图谋难事要趁容易的时候下手，实现远大目标要从细微处做起。天下的难事，必从容易时入手；天下的大事，必从小事做起。所以圣人始终不自以为伟大，只是踏踏实实从小地方做起，最终能成就大事。

294. 煖曰："王独不闻魏文侯之问扁鹊耶？曰：'子昆弟三人，其孰最善为医？'扁鹊曰：'长兄最善，中兄次之，扁鹊最为下也。'文侯曰：'可得闻耶？'扁鹊曰：'长兄于病视神，未有形而除之，故名不出于家。中兄治病，其在毫毛，故名不出于闾。若扁鹊者，镵[1]血脉，投毒药，割肌肤，而名出闻于诸侯。'"（卷三十四　鹖冠子）

注释

① 镵chán：刺；锥。

译文

庞煖说："大王难道没听说过魏文侯曾问过扁鹊吗？魏文侯说：'你们家兄弟三人，哪一位医术最好？'扁鹊回答说：'大哥最好，二哥其次，我是最差的。'魏文侯说：'为什么？能讲给我听听吗？'扁鹊说：'我大哥治病是看病人的神色，在疾病还没有形成的隐微阶段，就把病治好了，所以他的名声不出家门。我二哥治病是在病情刚刚发作时，把病治好，所以他的名声不出巷子。而我治病，用扎针来疏通血脉，下有副作用的汤药，动手术来救治病人，因此我的名声响遍诸侯。’”

二 风俗

295. 众贤和于朝，则万物和于野。故四海之内，靡[①]不和宁。（卷十五 汉书三）

注释

①靡：无，没有。

译文

众贤臣在朝廷内能和睦相处，那么朝廷外的万事万物也能和谐共荣。所以四海之内没有不和平安宁的。

296. 故肃恭其心，慎修其行。有罪恶者无徼[①]幸，无罪过者不忧惧，请谒[②]无所行，货赂无所用，则民志平矣，是谓正俗。（卷四十六 申鉴）

注释

①徼jiǎo：通“侥”。

②请谒：请求；干求。

译文

内心肃然恭敬，谨慎地修养德行。有罪恶的人不会心存侥幸逃避惩罚，没有罪过的人不会担忧恐惧，想靠关系走后门的人无处可行，想送礼贿赂的也没有作用，这样民心也就平和无怨了，这就是“正俗”。

297. 君臣亲而有礼，百僚和而不同，让而不争，勤而不怨，无事[1]唯职是司，此治国之风也。（卷四十六　申鉴）

注释

①无事：没有变故。多指没有战事、灾异等。

译文

君主和群臣亲近并且遵守礼法，百官和睦而不随便附和，互相谦让而不争名邀功，勤劳于国事而没有怨言，没有变故时，坚守自己的职事，这就是国家安定太平的气象。

298. 古之进[1]者有德有命，今之进者唯财与力。（卷二十三　后汉书三）

注释

①进：进仕；出仕。

译文

古时候出仕做官，靠的是修养德行和秉承命运；现在做官，靠的是贿赂和势力来取得功名富贵。

299. 上慢下暴，盗思伐之矣。慢藏诲[1]盗，冶容诲淫。（卷一　周易）

注释

①诲：引诱；诱使。

译文

处上位的人轻慢疏忽，在下位的人暴虐凶残，盗寇就计划要攻打了。财物不妥当收藏，就会引人偷盗；容貌打扮太过妖艳，就会引人淫乱。

300. 民之过在于哀死而不爱生，悔往而不慎来。善（善作喜）语乎已然，好争乎遂事[①]，堕（堕下有于字）今日而懈于后旬[②]，如斯以及于老。（卷四十六　中论）

注释

①遂事：往事；已经完成的事。

②旬：时间；光阴。

译文

人的过失在于为死亡悲伤却不珍惜有限的生命，常对过去的事情后悔却不慎重考虑将来。总是常说“既然已经如此”，又喜欢争辩过去的往事，荒废于今日，更懈怠于将来的时光，就这样一直到老。

三　治乱

301.《黄石公记》曰:“柔能制刚,弱能制强。”柔者德也,刚者贼①也。弱者仁之助也,强者怨之归也。舍近谋远者,劳而无功;舍远谋近者,逸而有终。逸政②多忠臣,劳政③多乱民。故曰,务广地者荒,务广德者强。有其有者安,贪人有者残。残灭之政,虽成必败。(卷二十一　后汉书一)

注释

①贼:害;伤害。

②逸政:使人民安居乐业的政治。

③劳政:劳役繁重之政。

译文

《黄石公记》上说:“柔能克刚,弱能胜强。”柔和是德行,刚强是贼害。柔弱者能感召仁义志士的帮助,刚强者容易遭受怨恨。舍近求远的人,花费精力却毫无收获;舍远求近的人,安逸而有好结果。安乐舒适的政治下多出忠臣,劳役繁重的政治下多出乱民。所以说,一心扩大领土的君王,朝政会荒废;力求实行仁政的君王,国家就会强盛。保住自己所拥有的则心安理得;贪图别人所拥有的则残暴败亡。残暴败亡的政治,虽然一时成功，最终也必然失败。

302. 子曰："五刑之属三千，五刑者，谓墨劓膑宫（宫下旧有割字，删之）大辟也。而罪莫大于不孝。要[1]君者无上，事君，先事而后食禄，今反要君，此无尊上之道。非[2]圣人者无法，非侮圣人者，不可法。非孝者无亲。己不自孝，又非他人为孝，不可亲。此大乱之道也。"事君不忠，侮圣人言，非孝者，大乱之道也。（卷九　孝经）

注释

①要yāo：要挟；胁迫。

②非：诋毁；讥讽。

译文

孔子说："古代五刑所属的犯罪条例，有三千条之多，其中没有比不孝的罪行更大的。胁迫君王的人，是眼中没有君王的存在；诋毁圣人的人，是心中没有礼法的存在；诽谤行孝的人，是心中没有父母的存在。这三种人都是造成天下大乱的根源。"

303. 上下交征利[1]而国危矣。征，取也，从王至庶人，各欲取利，必至于篡弑。（卷三十七　孟子）

注释

①征利：取利。征，夺取。

译文

上至国君，下到百姓，大家互相争夺利益，必导致弑君篡位，国家就危险了。由此可知，不讲道义、只重功利，天灾人祸就避免不了。

304. 哀公问于孔子曰："寡人闻之，东益[①]不祥，东益，东益宅也。信[②]有之乎？"孔子曰："不祥有五，而东益不与[③]焉。夫损人而自益，身之不祥也；弃老而取幼，家之不祥也；释[④]贤而用不肖，国之不祥也；老者不教，幼者不学，俗之不祥也；圣人伏匿[⑤]，愚者擅权，天下不祥也。故不祥有五，而东益不与焉。"（卷十　孔子家语）

注释

①益：增加。

②信：果真；确实。

③与：在其中。

④释：废弃；放弃。

⑤伏匿：隐藏；躲藏。

译文

鲁哀公问孔子说："我听说，向东边扩建住宅是不吉祥的，真是这样吗？"孔子说："有五种不吉祥的事，而向东边扩建住宅不在其中。损人利己，是自身的不祥；遗弃老人只顾孩子，是家庭的不祥；舍弃贤明之人却任用不肖之徒，是一个国家的不祥；老人不教育后代，年幼的人不肯学习，是社会风俗的不祥；

圣人隐退不出仕，愚人专权独裁，是天下的不祥。总之，不吉祥的事有以上五种，向东边扩建住宅并不包括在内。”

四　鉴戒

305. 夫君者舟也，民者水也；水所以载舟，亦所以覆舟。君以此思危，则危可知矣。（卷十　孔子家语）

译文

君主好比是船，百姓就好比是水；水可以载船，也可以使船翻覆。君主由此来思考危机，那么危险就可想而知了。

306. 天子之子，不患不富贵，不患人不敬畏，患于骄盈[①]不闻其过，不知稼穑[②]之艰难耳。至于甚者，乃不知名六畜[③]，可不勉哉！
（卷二十九　晋书上）

注释

①骄盈：傲慢自满。

②稼穑sè：耕种和收获。泛指农业劳动。

③六畜：指马、牛、羊、鸡、狗、猪。

译文

将要继承王位的太子，不担忧不富贵，不担忧别人不敬畏，要忧患的是过于骄奢而听不到自己的过失，不知道农耕劳动的艰辛。更过分的，甚至连六畜的名字都不知道，这样还不应该勉力上进吗？

307. 孟子曰："离娄子（无娄子之子）[①]之明，公输子[②]之巧，不以规矩[③]，不能成方圆；师旷[④]之聪，不以六律[⑤]，不能正五音；尧舜之道，不以仁政，不能平治天下。言当行仁恩之政，天下乃可平。……故曰，徒善不足以为政，徒法不能以自行。"但有善心而不行之，不足以为政。但有善法度，而不施之，法度亦不能独自行。（卷三十七　孟子）

注释

①离娄子：传说中的视力特别强的人。

②公输子：春秋时鲁国巧匠公输班，或称鲁班。班，或作"般""盘"。

③规矩：校正圆形和方形的两种工具。

④师旷：春秋晋国乐师。善于辨音。

⑤六律：相传黄帝时伶伦截竹为管，以管之长短分别声音的高低清浊，乐器的音调皆以此为准。乐律有十二，阴阳各六，阳为律，阴为吕。六律即黄钟、太簇、姑洗、蕤宾、夷则、无射。

译文

孟子说："就算有离娄先生的极佳视力，有公输先生的高超手艺，如果不用圆规和曲尺，也不能精确地画出方形、圆形；就算有师旷的辨音听力，如果不按六律，也不能校正五音；即使有尧舜的道德修养，如果不实行仁慈的政治措施，也不能治理好天下。……所以说，只有善心还不足以从事政治，只有好的政治制度，它也不可能自己实行。”

308. 文王问太公曰：“君国主民者，其所以失之者，何也？”太公曰：“不慎所与也。人君有六守三宝。六守者，一曰仁，二曰义，三曰忠，四曰信，五曰勇，六曰谋，是谓六守。”文王曰：“慎择此六者，奈何？”太公曰：“富之而观其无犯，贵之而观其无骄，付之而观其无转（转作专），使之而观其无隐，危之而观其无恐，事之而观其无穷。富之而不犯者，仁也；贵之而不骄者，义也；付之而不转者，忠也；使之而不隐者，信也；危之而不恐者，勇也；事之而不穷者，谋也。人君慎此六者以为君用。君无以三宝借人，以三宝借人，则君将失其威。大农大工大商，谓之三宝。六守长则国昌，三宝完则国安。”（卷三十一　六韬）

译文

周文王问姜太公：“治理国家和人民的君主，都想长久保住天下，却为何会失去呢？”太公说：“那是因为不能谨慎选择适当的人才。凡为人君者，必须注意六守以选拔人才，并谋划三宝以经营事业。所谓六守，一是仁，二是义，三是忠，四是信，五是勇，六是谋，这就称为六守。”文王又问：“如何慎重选择符合六种德行的人呢？”太公说：“给他财富，观察他是否不触犯礼法；给他高贵的地位，观察他是否不骄傲自大；授予他重任，观察他是否不独裁专权；使他处理事务，观察他是否不隐瞒实情；让他身处危难，观察他是否能临危不惧；让他处理事变，观察他是否能应变无穷。富裕而不触犯礼法，是心中存有天理之公，这就是仁；高贵而不骄傲自大，是心中存有义理之明，这就是义；授予职权而不独裁专政，是心中存有忠诚之操，这就是忠；处理事务而不隐瞒实情，是心中存有诚信之行，这就是信；身处危难而能不恐惧，是心中有勇往不屈之意，这就是勇；处理事变而能应对不穷，是心中具有机智之略，这就是谋。人君应慎重选拔具有六守的人，加以重用。君主不可将处理三宝之权力给与他人；给与他人，君主将丧失权威。三宝乃是大农、大工、大商三种经济组织。具有六守之贤才众多，则国家昌盛；三宝之经济制度完备，国家就能安定。”

309. 景公问晏子曰：“临国[①]莅民[②]，所患何也？”对曰：“所患者三：忠臣不信，一患也；信臣不忠，二患也；君臣异心，三患也。是以明君居上，无忠而不信，无信而不忠者，是故君臣无狱（无狱作同欲），而百姓无恐（恐作怨）也。”（卷三十三　晏子）

注释

①临国：治理国事。

②莅民：管理百姓。

译文

景公问晏子说："执掌国政管理人民，应该忧虑的是什么？"晏子回答说："应该忧虑的事有三件：忠诚爱国的臣子不被信任，这是忧虑之一；受信任的臣子不忠诚，这是忧虑之二；国君与臣子不同心，这是忧虑之三。所以贤明的国君身居高位，没有忠臣不受信任，也没有受信任却不忠心的现象，因此君臣同一条心，百姓也就没有怨言了。"

310. 子墨子曰："国有七患。七患者何？城郭[①]沟池[②]不可守，而治宫室，一患也；边国至境，四邻莫救，二患也；先尽民力无用之功，赏赐无能之人，三患也；仕者持禄，游者忧佼（佼作交）[③]，君修法讨臣，臣慑[④]而不敢咈[⑤]，四患也；君自以为圣智，而不问事，自以为安强而无守备，五患也；所信者不忠，所忠者不信，六患也；蓄种菽[⑥]粟，不足以食之，大臣不足以事之，赏赐不能喜，诛罚不能威，七患也。以七患居国，必无社稷；以七患守城，敌至国倾。七患之所当，国必有殃。"（卷三十四　墨子）

注释

①城郭：城墙。城指内城的墙，郭指外城的墙。

②沟池：护城河。

③忧佼：依据清朝孙诒让《墨子闲诂》，为"爱佼"，意思是爱私交。佼，通"交"。

④慑：恐惧。

⑤咈fú：违背；违逆。

⑥菽：音shū。

译文

墨子说："国家有七种祸患。这七患是什么呢？内外城池都不能有效防御，却修建宫室，这是第一种祸患；敌兵压境，四面邻国不愿救援，这是第二种祸患；把民力耗尽在无用的事情上，赏赐没有才能的人，这是第三种祸患；做官的人只求保住俸禄，游学的士人只顾结交朋党，国君修订法律来惩治臣子，臣子畏惧而不敢直言劝谏，这是第四种祸患；国君自以为圣明睿智而不过问政事，自以为国家安稳强盛而不做防御准备，这是第五种祸患；国君信任的人不忠诚，忠于国君的人却不被信任，这是第六种祸患；储藏和种植的粮食，不足以养活人民，大臣不足以承担事务，赏赐不能使人高兴，诛罚不能使人畏惧，这是第七种祸患。治国出现这七种祸患，必定亡国；守护城池出现这七种祸患，敌军一到必定沦陷。这七种祸患存在于哪个国家，哪个国家必定遭殃。"

311. 十过：一曰，行小忠，则大忠之贼也。二曰，顾小利，则大利之残也。三曰，行僻自用，无礼诸侯，则亡身之至也。四曰，不务听治，而好五音，则穷身之事也。五曰，贪愎喜利，则灭国杀身之本也。六曰，耽于女乐，不顾国政，则亡国之祸也。七曰，离内远游，忽于谏士，则危身之道也。八曰，过而不听于忠臣，而独行其意，则灭高名，为人笑

之始也。九曰，内不量力，外恃诸侯，则削国之患也。十曰，国小无礼，不用谏臣，则绝世之势也。（卷四十　韩子）

译文

十种过错：一是奉行对私人的小忠，那就会损害大忠。二是只顾小利，那就会破坏大利。三是行为乖僻又自以为是，对待诸侯无礼，那就会走向自取灭亡的道路。四是不致力于国事，而沉迷在声乐中，那会让自己陷入穷途末路。五是贪婪固执又追求私利，那是亡国丧身的祸根。六是沉迷于女色歌舞，不顾国家的政事，就会遭受亡国的灾祸。七是离开朝廷到远方遨游，忽略谏议大臣的劝言，那是危害自身的做法。八是有过错而不肯听忠臣的劝谏，却一意孤行，那就是自毁名誉，受人讥笑的开始。九是不考量国内的力量，而依赖国外的诸侯，那就有国土被分割的忧患。十是国家弱小而不讲礼义，又不任用直言的谏臣，那是断绝后嗣的趋势。

312. 亡国之主必（必下有自字）骄，必自智，必轻物[①]。自谓有过人智，故轻物，物，人也。
（卷三十九　吕氏春秋）

注释

①物：人；众人。

译文

亡国的君主，必定是自大骄傲，怠慢贤士；必定是自作聪明，专独刚愎；必定是轻视一切人，所以才会招来祸患。

313. 故礼烦则不庄，业众则无功，令苛则不听，禁多则不行。（卷三十九　吕氏春秋）

译文

礼节太过繁琐就不庄重，事业繁重则绩效不彰，政令太苛刻则人民就不听从，禁令过多就无法执行。

314. 鸟穷[①]则啄[②]，兽穷则攫[③]，人穷则诈，马穷则逸[④]。自古及今，未有穷其下而能无危者也。（卷十　孔子家语）

注释

①穷：困窘；窘急。
②啄：音zhuó。
③攫：音jué。
④逸：逃跑。

译文

鸟被逼到困境就会用嘴啄斗，兽被逼到困境就会用爪夺取，人被逼到困境就会做出欺诈行为，马被逼到困境就会逃奔。从古至今，没有逼迫臣民走投无路，而君王自己却能没有危险的。

315. 孔子曰:“君子有三戒:少之时，血气未定，戒之在色；及其壮也，血气方刚，戒之在斗；及其老也，血气既衰，戒之在得。”得，贪得也。（卷九　论语）

译文

孔子说:“君子有三件应该警惕戒备的事：少年时，血气尚未稳定，应该警戒，不要把精力放纵在色欲上；到壮年时，血气正旺盛，应该警戒，不要争强斗胜，而应以此饱满的体力精神用于正当的事业；到老年时，血气已经衰退，应该警戒，不要贪得无厌。”

316. 古人阖棺之日，然后诔[①]行，不以前善没[②]后恶也。（卷二十九　晋书上）

注释

①诔 lěi：哀祭文的一种。是叙述死者生前德行、功业的文体。

②没 mò：掩盖。

译文

古人盖棺之后，再来写诔文哀悼，论定品行，不用以前的善行掩盖后来的过恶。

317. 君子有三鉴：鉴乎前，鉴乎人，鉴乎镜。前惟训，人惟贤，镜惟明。（卷四十六　申鉴）

译文

君子有三种借鉴：明鉴于前事，明鉴于他人，明鉴于铜镜。以前事为明鉴，可吸取教训；以他人为明鉴，可效法贤德；以铜镜为明鉴，可看清自我。

五　应事

318. 位也者，立德之机[①]也；势也者，行义之杼[②]也。圣人蹈机握杼，织成天地之化，使万物顺焉，人伦正焉。（卷四十六　中论）

注释

①机：织布的器具。

②杼zhù：织机的梭子。

译文

职位，好比是建立仁德的纺织机；权势，好比是施行道义的梭子。圣人脚踏纺织机，手握梭子，编织成天地的美好教化，使万物和顺，人伦关系端正。

319. 故圣人深居以避害，静默以待时。小人不知祸福之门，动作（无作字）而陷于刑，虽曲[①]为之备，不足以全身。（卷三十五　文子）

注释

①曲：周遍；多方面；详尽。

译文

圣人隐居以避开祸害，安静沉默以等待时机。小人不知道灾祸和幸福从哪里来，一有举动就会受到刑罚，即使费尽心机想防备，也不足以保全自己的性命。

320. 子曰："君子安其身而后动，易其心而后语，定其交而后求。君子修此三者，故全也。"（卷一　周易）

译文

孔子说："君子必先使自己身心安稳，然后才可以行动；必先换个角度为人着想，使自己心平气和，然后再开口说话；必先以诚信待人，建立信誉，然后才可以提出要求。君子能修养这三点，所以与人和睦相处，无所偏失。"

321. 孔子曰："君子有九思：视思明，听思聪，色思温，貌思恭，言思忠，事思敬，疑思问，忿思难，见得思义。"（卷九　论语）

译文

孔子说："君子有九个方面值得深思熟虑：观看，要慎思看得明白；听受，要慎思听得清楚；脸色，要慎思表现温和；容貌态度，要慎思谦恭有礼；发言，要慎思诚实不欺；做事，要慎思认真严谨；疑惑，要慎思请教提问；发怒，要慎思会有后患；每有所得，要慎思合于道义。"

322. 君子博学而浅（大戴礼浅作孱）守之，微言而笃行[1]之。行欲先人，言欲后人，见利思辱，见难思诟，嗜欲思耻，忿怒思患，君子终身守此战战[2]也。（卷三十五　曾子）

注释

①笃行：切实履行；专心实行。

②战战：戒慎貌；畏惧貌。

译文

君子德学广博，而以浅薄自守；言语简约，重在切实地履行。行动在别人之前，说话在别人之后；若有利可得，要想想是否会招来耻辱；面对困难，如果退缩逃避，要想想是否会招来辱骂；贪求嗜欲要考虑是否会招致羞耻；忿恨怨怒就想到是否会有祸患。所以君子应终生保持这种谨慎戒惧的心。

323. 子曰："君子欲讷[1]于言，而敏于行。"讷，迟钝也。言欲迟，行欲疾。（卷九　论语）

注释

①讷：音nè。

译文

孔子说："君子致力于说话慎重，而做事敏捷。"由此可知，君子讲究实行，不多言、不空谈。

324. 凡事豫则立，不豫则废。言前定则不

跲[①]，跲，踬。事前定则不困，行前定则不疚[②]，疚，病。道前定则不穷。（卷十　孔子家语）

注释

①跲jiá：窒碍，指言语受阻而不通畅。

②疚：困惑；愧悔。

译文

任何事情，事前有准备就可以成功，没有准备就要失败；说话前先有准备，就不会理屈词穷而站不住脚；做事前先有准备，就不会发生困难；行事前的计划先有定夺，就不会发生错误、后悔的事；做人的道理，心中有准绳，则不至于行不通。

325. 子夏为莒[①]父宰，问政。莒父，鲁下邑也。子曰："毋欲速，毋见小利。欲速则不达，见小利则大事不成。"事不可以速成，而欲其速则不达矣。小利妨大，则大事不成矣。（卷九　论语）

注释

①莒：音jǔ。

译文

子夏当莒父县的县令，向孔子请问政事。孔子告诉他："政治不能要求速成，不要着眼于小利益。因为操之过急，反而不能达到成效；着眼于小利，就不能成就大事。"

326. 婴闻一心可以事百君，三心不可以事一君。故三君[①]之心非一心也，而婴之心非三心也。（卷三十三　晏子）

注释

①三君：晏子侍奉过齐国灵公、庄公、景公三位君主。

译文

我（晏婴）听说一心一意可以侍奉百位君主，三心二意不能侍奉好一位君主。所以三位君主的心意并不一样，但我的心意却并不是三心二意。

327. 国无九年之蓄，曰不足；无六年之蓄，曰急；无三年之蓄，曰国非其国也。三年耕必有一年之食，九年耕必有三年之食。以三十年之通[①]，虽有凶旱水溢，民无菜色，然后天子食，日举以乐。民无食菜之饥色，天子乃日举乐以食也。（卷七　礼记）

注释

①通：合计；总计。

译文

国家没有九年的储备，属于财用不足；没有六年的储备，属于财用危机；连三年的储备都没有，那就是国不成国了。耕种三年，一定要有一年的储备食量；耕种九年，一定要有三年的储备食量。按三十年计算下来，即使遇到洪水或旱灾的荒年，人民也不至于挨饿，这样，天子每天都能安心地奏着音乐吃饭。

六　慎始终

328. 慎终如始，则无败事。终当如始，不当懈怠。（卷三十四　老子）

译文

审慎面对事情的结尾，就像刚开始一样，至始至终谨慎对待，那就不会失败。

329.《诗》曰："靡[①]不有初，鲜[②]克[③]有终。"不能终善者，不遂其国（国作君）。（卷三十三　晏子）

注释

①靡：无，没有。
②鲜xiǎn：少。
③克：能够。

译文

《诗经》上说："人起初无不奋发有为，但很少能坚持到底的。"所以说，不能自始至终贯彻善政的人，就不能成为一个好君王。

330. 蒙[①]以养正[②]，圣功也。（卷一　周易）

注释

①蒙：蒙童。

②养正：涵养正道。

译文

在童蒙时期培养孩子纯正无邪的品行，这是一项神圣的功业。

七　养生

331. 治身，太上[1]养神，其次养形。神清意平，百节[2]皆宁，养生之本也；肥肌肤，充腹肠，开（开作供）嗜欲，养生之末也。（卷三十五　文子）

注释

①太上：最上；最高。
②百节：指人体各个关节。

译文

养生的方法，最上的在于修养精神，其次才是保养身体。神气清朗，心念平和，自然全身安宁，这是养生的根本道理；若只是肥美外形，填满肚肠，满足嗜好和欲望，这只注重在养生的枝末小事而已。

332. 和神气，惩[1]思虑，避风湿，节饮食，适[2]嗜欲，此寿考之方也。（卷四十五　昌言）

注释

①惩：克制；制止。
②适：节制；调节。

译文

调和精神气息，克制忧虑，避免风湿邪气的侵入，节制饮食，适当控制嗜好欲望，这些是长寿的良方。

陆明辨

一　邪正

333. 子曰："君子和而不同，小人同而不和。"君子心和，然其所见各异，故曰不同；小人所嗜好者同，然各争利，故曰不和也。（卷九　论语）

译文

孔子说："君子与人相处，和平忍让，而其见解卓越，与众不同；小人所见平庸，与众相同，而其争利之心特别强，不能与人和谐办事，只能扰乱他人而已。"

334. 子曰："君子成人之美①，不成人之恶。小人反是。"（卷九　论语）

注释

①美：善；好。

译文

孔子说："君子成全别人的善举，不促成别人的恶事。小人相反，见人做善事就嫉妒，做恶事便赞成，这是天理所不容的。"

335. 君子掩人之过以长善，小人毁人之善以为功。（卷四十八　体论）

译文

君子遮掩别人的过错来长养自己的厚道美德，小人则诋毁他人的善心善行来标榜自己。

336. 子贡曰："君子亦有恶[1]乎？"子曰："有恶。恶称人恶[2]者，好称说人恶，所以为恶也。恶居下流而讪上者，讪，谤毁也。恶勇而无礼者，恶果敢而窒者。"窒，塞。（卷九 论语）

注释

①恶：音wù。

②恶：音è。

译文

子贡说："君子也有憎恶吗？"孔子说："有憎恶。君子憎恶宣扬别人过失的人，因为做人应该包容，隐恶扬善；憎恶居于下位而毁谤上位的人，因为上级有过失应该规劝而非背后毁谤，若不听从则可离开，若背后毁谤，则有失忠厚；憎恶有勇却不遵守礼法的人，因为容易以下犯上；憎恶果断而不通事理的人，因为那样往往容易败事，而又损人。"

337. 君子心有所定，计有所守；智不务[1]多，务行其所知；行不务多，务审其所由；安之若性，行之如不及。小人则不然，心不在乎道义之经，口不吐乎训诰[2]之言，不择贤以托身，不力行以自定，随转如流，不知所执。（卷四十八 体论）

注释

①务：追求；谋取。

②训诰gào：泛指训导告诫之类的文辞。

译文

君子心中有坚定的使命和信念，每次考虑、谋划都能坚守原则。道理、智慧不贪求多，只要知道了就一定付诸实行；行动不求其多，但行动前一定审思行动的理由。心安住在美好的信念中，像天性一样自然不勉强；实行时，则唯恐来不及而精进努力。小人则不是这样，心思不在道义的原则上，嘴里说不出告诫劝勉的话，不选择贤者亲近求教来寄托身心，不努力落实道德来使自己心灵安定，而是随波逐流，不知道自己该做些什么。

二　人情

338. 人有六情[1]，失之则乱，从之则睦。故圣王之教其民也，必因[2]其情，而节之以礼；必从其欲，而制之以义。义简而备，礼易而法，去[3]情不远，故民之从命也速。（卷八　韩诗外传）

注释

①六情：人的六种欲求。《韩诗外传》卷五："人有六情：目欲视好色，耳欲听宫商，鼻欲嗅芬香，口欲嗜甘旨，其身体四肢欲安而不作，衣欲被文绣而轻暖。此六者，民之六情也。"

②因：顺；顺应。

③去：距离。

译文

人有六种欲求，违背了，国家就会紊乱，合理地顺从就能带来和睦。所以圣王教化人民，一定会依据人情事理，而用礼法加以节制；也一定会随顺人民愿望，而用道义加以规范。义理简明而又完备，礼法易行而有规则，与人情相距不远，所以人民就很容易遵从国家的法令。

339. 今彼有恶而己不见，无善而己爱之者，

何也？智不周[1]其恶，而义不能割其情也。（卷四十七　刘廙政论）

注释

①周：遍；遍及。

译文

侍奉君主左右的近臣有不良行为，而君主却看不见，没有做出利益国家的善行而君主却偏爱他，这是什么原因呢？因为君主的智慧难以尽见这些近臣为恶的一面，而行道义的决心还不能达到割舍私情。

340. 行善者则百姓悦，行恶者则子孙怨。是以明者，可以致[1]远，否者以失近。（卷四十　新语）

注释

①致：招致；招引。

译文

君王能行善政，百姓就会喜悦；君王作恶，连子孙都会埋怨。所以明白这个道理的君王，可以使远方的人归附且影响久远；假如违背，连最亲近的人也会失去。

341. 我闻忠善以损怨，为忠善，则怨谤息也。不闻作威以防怨。欲毁乡校，即作威也。（卷五　春秋左氏传中）

译文

我听说忠诚善良可以减少人民的怨言和批评，没听说倚仗威势能防止抱怨的。

342. 周公谓鲁公[①]曰：鲁公，周公之子，伯禽也。“君子不施其亲，施，易也，不以他人之亲，易己之亲。不使大臣怨乎不以[②]。以，用也，怨不见听用也。故旧无大故，则不弃也。无求备于一人。”大故，谓恶逆之事也。（卷九　论语）

注释

①鲁公：周公的儿子伯禽。最初周武王分封鲁国给弟弟周公旦，后因周公留辅天子而改封周公长子伯禽为鲁侯。

②以：任用。

译文

周公对儿子伯禽说：“君子不疏远他的亲族，不让大臣抱怨不被任用。对老臣旧友，如果没有恶逆等重大罪过，就不要遗弃他。不要对人要求事事做到完善无缺。”

343. 君子所恶乎异者三：好生事也，好生奇也，好变常也。好生事则多端而动众，好生奇则离道而惑俗，好变常则轻法而乱度。故名不贵苟传，行不贵苟难。纯德无慝[①]，其上也；伏而不动，其次也；动而不行，行而不远，远而能复，又其

次也；其下远而已矣（已矣作不近也三字）。（卷四十六　申鉴）

注释

①慝tè：邪恶。

译文

君子所厌恶的异常行为有三种：喜欢生事、喜欢制造奇言怪论、喜欢改变常规。喜欢生事，就会制造事端而兴师动众；喜欢制造奇言怪论，就会离经叛道而惑乱风俗；喜欢改变常规，就会轻视法令而扰乱制度。所以，对于名声不以苟且的流传为贵，对于行为不以苟且的难事为贵，只有遵循礼义才是可贵的。纯正的德行毫无偏邪，这是最上等的；能伏住邪念而心不妄动，是次等的；心有妄念而不行动，虽有行动但不远离正道，远离正道了还能及时回头，又再其次；最下等的是与正道愈来愈远而不自知。

三　才德

344. 百言百当，不若舍趣而审仁义也。（卷三十五　文子）

译文

与其每次建言都适当而被采用，不如看存心是否合乎仁义。

345. 故作者[①]不尚其辞丽，而贵其存道也；不好其巧慧，而恶其伤义也。（卷四十七　政要论）

注释

①作者：指从事文章撰述或艺术创作的人。

译文

对于作者的著述不应崇尚文辞的华丽，而应贵在保存并承传圣贤的道统；不应称道其文字精巧聪慧，而担心其中的言论会有伤义理。

四 朋党

346. 故《洪范》曰："无偏无党，王道荡荡。"荡荡，平易。（卷三十九 吕氏春秋）

译文

《尚书·洪范》上说："不偏私，不结党，先王的正道平坦宽广。"

347. 君以世俗之所誉者为贤智，以世俗之所毁者为不肖，则多党者进，少党者退，是以群邪比周①而蔽贤，忠臣死于无罪，邪臣以虚誉取爵位，是以世乱愈甚，故其国不免于危亡。
（卷三十一 六韬）

注释

①比周：结党营私。

译文

君主把世俗所称道的人当作有才能智慧之人，把世俗所诋毁的人当作不肖之人，那就会使党羽众多的人被任用，不结党的人被挤退，这样奸邪势力就会相互勾结而埋没贤才，忠臣无罪却被处死，奸臣用虚名骗取爵位，所以社会更加混乱，国家也就难免危亡了。

五　辨物

348. 贤者狎[①]而敬之，狎，习也，近也，习其所行。畏而爱之。心服曰畏。爱而知其恶，憎而知其善。不可以己心之爱憎，诬人以善（“以善”之以，本书作之）恶。（卷七　礼记）

注释

①狎：熟悉；亲近。

译文

对于贤德的人，应亲近学习而又礼敬尊重，内心畏服而又爱戴。对于喜爱亲信的人，要了解他的短处；对于嫌弃憎恶的人，要了解他的长处，并且明白对方也有本性本善的良心。

349. 子曰：“君子泰[①]而不骄，小人骄而不泰。”君子自纵泰，似骄而不骄。小人拘忌，而实自骄矜也。（卷九　论语）

注释

①泰：安舒；安宁。

译文

孔子说："君子内心谦恭，所以自在舒泰而不骄傲；小人内心骄傲，唯恐失去尊严而处处牵挂，所以无法安详自在。"

350. 子曰："君子不以言举人，有言者，不必有德，故不可以言举人也。不以人废言。"（卷九　论语）

译文

孔子说："君子不因为一个人话说得有理而举荐他，也不因为一个人的品德欠佳而舍弃他可取的言语。"

351. 得十良马，不如得一伯乐[①]；得十利剑，不如得一欧冶[②]。多得善物，不如少得能知物。知物者之致善珍，珍益广，非特[③]止于十也。（卷四十四　桓子新论）

注释

①伯乐：春秋秦穆公时人，姓孙，名阳，以善相马著称。

②欧冶：即欧冶子，春秋时著名铸剑工。

③非特：不仅；不只。特，仅、只是。

译文

得到十匹好马，不如得到一位善于相马的伯乐；得到十把利剑，不如得到一位善于铸剑的欧冶子。得到很多美好的物品，还不如得到少数善于鉴赏的人。善于鉴赏的人能搜集到珍贵的宝物，且会让珍贵的宝物愈来愈多，那就不仅仅止于十倍了。由此可知，善于识别和培养人才的能力，比什么都重要。

352. 传曰："不知其子，视其友；不知其君，视其左右。"靡[1]而已矣！（卷三十八　孙卿子）

注释

①靡：引申为潜移默化，沾染。

译文

古书上说："不了解某人，看看他的朋友就清楚了；不了解君主，看看他左右的近臣就清楚了。"这都是潜移默化的影响使然啊！

353. 孟子曰："仁之胜不仁也，犹水之胜火也。今之为仁者，犹以一杯水，救一车薪之火也，不息则谓水不胜火者，此与于不仁之甚者也。"（卷三十七　孟子）

译文

孟子说："仁德能胜不仁，就像水可以灭火一样。如今推行仁政的人，好比用一杯水去救一车正在燃烧的木柴，火不能熄灭，便说水不能灭火，这种说法与不行仁政相比更为严重，因为只会让大众连信心都丧失掉。"

354. 将叛者其辞惭；中心疑者其辞枝[①]；吉人之辞寡；躁人之辞多；诬善之人，其辞游[②]；失其守者，其辞屈。（卷一　周易）

注释

①枝：像闲枝一样分散的样子。

②游：虚浮不实。

译文

将要叛变的人，说话时流露出惭愧；内心多疑的人，说话毫无条理，像树枝一样分散杂乱；吉祥善良的人，话少而且话好；性情浮躁的人，话多而且杂乱；诬害善良的人，言辞飘忽不定；失去操守的人，言辞表现出理亏。

355. 国家将（旧无将字，补之）有失道之败，而天乃先出灾害，以谴告之；不知自省，又出怪异，以警惧之；尚不知变，而伤败乃至。以此见天心之仁爱人君，而欲止其乱也。（卷十七　汉书五）

译文

国家将要发生违背道德的败象，上天会预先出现灾害，用以谴责和提醒人君；如果不知道要自我反省，又会出现怪异现象，加以警告且让人畏惧；再不知道悔改，那么伤害和败亡就会降临。由此可见，上天对人君是仁爱的，希望阻止一切败乱的行为。

六　因果

356. 惟上帝弗常，作善降之百祥，作不善降之百殃。祥，善也，天之祸福，唯善恶所在，不常在一家也。尔惟德罔小，万邦惟庆；修德无小，则天下赖庆也。尔惟弗德罔大，坠[①]厥宗[②]。苟为不德无大，必坠失宗庙，此伊尹至忠之训也。（卷二　尚书）

注释

①坠：丧失。

②宗：宗庙，这里代指国家。

译文

上帝没有亲疏贵贱的分别，所以赐福、降灾没有一定，对行善的人就赐给各种吉祥，对作恶的人就降给各种灾祸。你们行善修德不怕小，即使是小善小德，天下人也会感到庆幸；你们只要所行不善，即使不大，也可能导致亡国。

357. 存亡祸福，皆在己而已。天灾地妖[①]，弗能加也。（卷十　孔子家语）

注释

①地妖：大地上所发生的反常怪异之事。语本

《左传·宣公十五年》："天反时为灾，地反物为妖。"杜预注："群物失性。"孔颖达疏："言其怪异谓之妖。"

译文

国家的存亡祸福，都决定于国君自己。自然的灾害怪异，是不能强加给人的。由此可知，祸福皆由自身造成，天灾地变是在警示我们，应当改恶向善才能转祸为福。

358. 故见祥而为不可，祥必为祸！（卷四十 贾子）

译文

见到吉祥的瑞兆却去做恶事，吉祥反而会变成灾祸！

359. 天作孽犹可违，自作孽弗可逭[①]。孽，灾也。逭，逃也。言天灾可避，自作灾不可逃也。（卷二 尚书）

注释

① 逭huàn：逃避。

译文

自然的灾害是可以避免的，只要人弃恶扬善；自身造出罪孽，不知悔改，灾祸就不可能逃脱。

360. 圣人执左契，古者圣人无文书法律，刻契合符，以为信也。而不责于人[①]。但执刻契信，不责人以他事也。有德司契，有德之君，司察契信而已。无德司彻[②]。无德之君，背其契信，司人所失也。天道无亲，常与善人。天道无有亲疏，唯与善人，则与司契者也。

（卷三十四　老子）

注释

①圣人执左契，而不责于人：古代借贷财物时所用的契券，竹木制成，劈为两片。左片叫左契，刻着负债人姓名，由债权人保存；右片叫右契，刻着债权人的姓名，由负债人保存。索物还物时，以两契相合为凭据。此句是说圣明的君主只是施惠于民，而不求回报。契，契约。责，要求、索要。

②彻：周代的田税制度。此指取，剥取。

译文

圣人待人守柔处下，就好像掌握左契，只给予人而不向人索取。有德者待人如同圣人执左契一样；无德者待人就如同执掌赋税，只向人索取而不给予人。天道毫无偏私，永远降福给予而不取、完全合于天道的善人。

图书在版编目（CIP）数据

群书治要360译注．第一册 / 马来西亚中华文化教育中心译注．—2版．—上海：上海三联书店，2018.9

ISBN 978-7-5426-6343-6

Ⅰ．①群… Ⅱ．①马… Ⅲ．①政书－中国－唐代②《群书治要》－译文③《群书治要》－注释 Ⅳ．①D691.5

中国版本图书馆CIP数据核字（2018）第128614号

群书治要360译注．第一册

译　　注 / 马来西亚中华文化教育中心
责任编辑 / 程　力
特约编辑 / 张　莉
装帧设计 / Metis 灵动视线
监　　制 / 姚　军
出版发行 / 上海三联书店
（200030）中国上海市漕溪北路331号A座6楼
邮购电话 / 021-22895540
印　　刷 / 三河市中晟雅豪印务有限公司
版　　次 / 2018年9月第2版
印　　次 / 2021年7月第3次印刷
开　　本 / 640×960　1/16
字　　数 / 82千字
印　　张 / 16.75

ISBN 978-7-5426-6343-6/D·388

定　价：22.80元